JN111992

# 一度読んだら絶対に忘れない

CHINESE TEXTBOOK

# 中国語の教科書

林松涛

# じつは、日本人は中国語が上達しやすい！

「日本人のみなさんは、他の国の人よりも、中国語の習得に大きなアドバンテージがあります！」

　このように私がお話しすると、たいてい次のように返されます。

「日本人のアドバンテージって、中国語も日本語と同じく漢字を使っていることですよね？」

　もちろん、漢字もアドバンテージです。しかし、もっと大きなアドバンテージがあります。

　それは、中国語と日本語が同じ言語グループであることです。つまり、中国語と日本語は、じつは言語の構造が似ているのです。

　中国語を少しでも勉強したことがある人なら、「中国語は、日本語ではなく英語に似ているのでは？」と、疑問に思うかもしれません。

　なぜなら、現在の日本における中国語学習では、「中国語の語順は、英語のS＋V＋O（主語＋動詞＋目的語）と同じ」という話に代表されるように、英語の文法を持ち出して教えられるケースが多いからです。

　たしかに、語順や前置詞のルールなどは英語に似ていますが、共通点よりも異なる点のほうがたくさんあります。英語を持ち出すことで、むしろ、中国語の習得を“必要以上”に難しくさせてしまっているのが日本の中国語学習の現状、と私は考えています。

　せっかく、中国語は日本語と言語構造が似ているという大きなアドバンテージがあるのですから、わざわざ言語構造の異なる英語を持ち出して学ぶのはじつにもったいないと思います。日本人のみなさんは、アドバンテージを最大限に活かした学び方をすべきなのです。

そこで本書では、次の3つに重きを置いて中国語を解説します。

1．中国語の表現をすべて構文（公式的な文）の形にして、１つのストーリーで体系立てる
2．英語との比較ではなく、日本語と中国語に共通する「主題」という考え方で解説
3．ネイティブが読み取っている「漢字に含まれたニュアンス」を解説

まず、1についてですが、日常会話レベルの中国語を習得する最短ルートは、構文を頭に刷り込ませることです。そのため、本書では、中国語のさまざまな表現をすべて構文の形にし、1つに体系立てて紹介します。

「構文を頭に刷り込ませる」と言うと、「丸暗記」をイメージする人が多いかもしれませんが、そうではありません。「しっかり理解する」ということです。1つずつきちんと理解することで、頭の中に知識が残りやすくなり、さらに実践を加えることで「忘れない知識」になります。

そこで重要になるのが、2と3です。

2については、中国語と日本語の言語構造に共通する「主題＋説明」という考え方を用いて中国語の文を解説します。英語と比較するよりも、中国語の文が驚くほどシンプルに見えるようになるはずです。

3については、私自身を含めたネイティブは、中国語の構文や単語、フレーズを見たときに、漢字そのものに含まれたニュアンスとセットで意味を理解しています。そのため、本書では、漢字そのものに含まれているニュアンスもできる限り解説するように心がけています。

本書が、これから中国語を勉強しようと考えている人や、すでに中国語を勉強しているものの、なかなか上達しない人の役に立てれば幸いです。

林 松涛

一度読んだら絶対に忘れない **中国語の教科書** CONTENTS

# 第1章 三大文型と主題

## 第2章 「変化」で動作を表す

## 第3章 文の飾り① 前置詞、副詞、能願動詞

## 第4章 文の飾り② 補語

# 第5章 構文の発展形

**音声データについて**

各項目タイトルの横にある二次元コードより、🎙マークが付いたカコミや図版内に掲載されている中国語の文を中国語ネイティブが読み上げた音声を聞いたり、音声データをダウンロードしたりすることができます。

# 中国語を英語と比較するのはやめなさい！

## じつは、中国語は日本語と似ている

私は中国で生まれ育ち、大学院のときに日本にやってきました。大学院修了後は、自身が経営する語学教室の授業や、大学の講義などで日本人の生徒に20年以上にわたり中国語を教えています。そんな私が1つ断言できることがあります。それは、他の言語を母国語にする人より、**日本人のみなさんのほうが中国語の習得に大きなアドバンテージがある**ということです。理由は、漢字を使っているからだけではありません。中国語と日本語は「主題優勢言語」という同じグループに属する言語だからです。要は、日本語と中国語は言語の構造が近いということです。

ところが、現在の中国語教育は、日本人のみなさんが持つアドバンテージをまったく活かせていません。日本では、わざわざ主語優勢言語という異なるグループに属する英語の思考に基づいて中国語が教えられているケースがとても多いのです。その代表例が、「中国語の語順は、英語のＳ＋Ｖ＋Ｏ（主語＋動詞＋目的語）と同じ」という解説です。たしかに、中国語の一部の語順は「主語＋述語＋目的語」で理解できます。ただし、中国語の文は主語がなくても成立することや疑問文と肯定文で語順が変わらないこと、時制がないことなど、中国語と英語はむしろ異なる点のほうが圧倒的に多いのです。日本人のみなさんは、英語ではなく日本語の思考を活かして中国語を学んだほうが、じつははるかに理解しやすくなります。

では、日本語の思考を活かした中国語の学び方とは何かと言うと、それは、**「主題＋説明」という文のとらえ方**です。

**図H-1　中国語を英語と比較すると、かえって混乱しやすい**

中国語の前置詞のルールは、
英語と似ている

中国語の語順は、
英語と同じS+V+O

助動詞の使い方も、
英語と似ている

この中国語の文法は
英語に置き換えると
なにかな……

主語がなかったり、動詞の時制の変化がなかったり、
英語では置き換えられないルールが多くて
よくわからない!!

中国語と英語には共通点もあるが、異なる点のほうが多い。
そのため、中国語を勉強するときには、
英語の知識はむしろ邪魔になってしまう。

# 中国語と日本語に共通する「主題」という考え方

## 中国語の理解が劇的にシンプルになる

「主題＋説明」という文のとらえ方とは、「主題優勢言語」という名前の通り、**「主語」ではなく「主題」を中心に文を理解する**ということです。

例えば、“大象鼻子很长。” Dàxiàng bízi hěn cháng.（象は、鼻が長い。）という文があります。

主語を中心にしてこの文を分解してみましょう。

すると、“大象”（象）が主語、“鼻子很长”（鼻が長い）が述語部分になります。

さらに、述語部分の“鼻子很长”を“鼻子”（鼻が）と“很长”（長い）の2つに分けて、“鼻子”を小主語、“很长”を小述語、とします。つまり、「主語＋述語部分（小主語＋小述語）」という形です。一般的に、このような文のことを主述述語文と呼びます。

では、この文を「主題＋説明」の形でとらえてみます。

“大象”は「主題」、“鼻子很长”は「説明（主語＋述語）」になります。

つまり、「象」という主題に対して、「鼻が長い」という説明を加えているということです。

中国語では、上記のような「主語が2つある文」が多く登場します。

そのときに、**主述述語文としてとらえるよりも、「主題を先に言ってから、その説明を加える」というように考えたほうが、頭の使い方がシンプルになり、会話で言葉がはるかに出やすくなります。**

**図H-2 「主題＋説明」の文のとらえ方**

## 【主語を中心にした文のとらえ方】

主語　述語部分

（象は、鼻が長い。）

小主語　小述語

主述述語文と呼ばれるこのような文のとらえ方だと、
「主語」と「小主語」文の構造が複雑になる。

↓

**理解するのが難しい**

---

## 【「主題＋説明」の文のとらえ方】

主題　説明

（象は、鼻が長い。）

“大象”という「主題」に対して、
“鼻子很长”という「説明」を加えている、と考える。

↓

**日本語の思考に近く**
**文のとらえ方もシンプルなので**
**理解しやすい！**

## 「漢字に含まれているニュアンス」を理解する

「主題＋説明」のほかに、本書では説明にあと2つ工夫をしています。

1つは、**「漢字に含まれているニュアンス」**の解説です。

ひらがなと漢字を併用する日本語と異なり、中国語は漢字のみです。そのため、中国語と日本語では漢字の使い方が異なります。また、中国語と日本語では意味が異なる漢字もたくさんあります。私を含めた中国語ネイティブは、「漢字に含まれているニュアンス」とセットで中国語の文や単語、フレーズを理解しています。漢字のニュアンスが理解できないと、フレーズや単語の“丸暗記”になりがちです。「漢字に込められたニュアンス」とセットで学ぶことで、理解が一気に深まり、頭に残りやすくなるのです。

そして、もう1つの工夫は、**日常会話レベルの表現をすべて構文（公式的な文法）の形にし、1つに体系立てている**ことです。

日常会話レベルで使用する構文を“丸暗記”ではなく、しっかりと理解したうえで、頭に刷り込ませることが、中国語が上達するための最短ルートです。

本書では、1つに体系立てた構文の解説に加え、「主題＋説明」という視点、「漢字に含まれているニュアンス」の解説も加えることによって、“丸暗記”にならず、できるだけしっかりとした理解が進むように執筆することを心がけました。本書を読み終えた頃には、中国語が話せるようになる感覚を実感できるはずです。

序章

# 中国語の発音

# 中国語の発音のポイントは声調の高低差

## 最初から完ぺきな発音にこだわりすぎない

まずは、中国語の発音の解説から始めます。内容は、大きく「**声調**」「**発音**」の２つのパートに分かれます。声調とは、声の高低を含むトーンのことで、中国語の大きな特徴の1つです。

声調のパートでは、１つの発音につく**四声**、単語の後ろの漢字につく**軽声**、単語の中での3声の声調変化および四声の組み合わせ方についてお話しします。声調で重要になるのは、**話すときのリズムです。特に、コントラスト（声調の高低差）を意識することがポイントです。**

次に、発音のパートでは、子音と母音を中心に解説します。

中国語の発音は、「子音＋（介音）＋母音」で構成されます。母音には**単母音**と**複母音**、**鼻母音**の3種類があります。介音とは、母音の前につくｉ、u、ü という3つの音のことです。子音は21個あります。21個の子音については、6つのグループに分けると理解しやすくなります。

さらに子音については、**有気音**と**無気音**の違い、**巻き舌音**を出すコツなどについて詳しく説明します。基本の母音、子音をマスターするだけでも、多くの単語が話せるようになります。

最後に、発音について1つ注意いただきたいのは、**最初から完ぺきな発音にこだわりすぎない**ことです。中国語に限らず、母国語以外の言語の発音を習得するのにはやはり時間がかかります。本章では、日常会話レベルの中国語をマスターするときに必須の発音の知識に絞って解説しています。まずは、理解することを優先してください。理解したうえで、中国語の会話を実践していけば、発音もかならず少しずつ上達するはずです。

## 序章 見取り図

### 声調

1．四声
2．軽声
3．半3声

### 発音

1．母音
【単母音】 a o e i u ü er
【複母音】 ai ei ao ou
【鼻母音】 an en（in） ang eng（ing） ong
2．介音 i u ü
3．子音
【子音のグループ1】唇 bo po mo fo
【子音のグループ2】舌先 de te ne le
【子音のグループ3】舌根 ge ke he
【子音のグループ4】舌と歯 ji qi xi
【子音のグループ5】巻き舌 zhi chi shi ri
【子音のグループ6】舌面 zi ci si

# なぜ、日本人は「声調」でつまずきやすいのか？

## 声調言語と「四声」

中国語は、タイ語やベトナム語と同じ、「声調言語」と言われます。

声調とは、**声の高低を含むトーン**のことです。同じ発音だとしても、声調が変わると、意味が変わります。日本語でも「はし」という言葉の語尾を上げると「橋」、下げると食事に使う「箸」の意味になるのと同じです。

ただ、中国語の場合、もっと複雑です。なんと、1つの発音につき、次の通り、4つの声調があるのです。

**図 0-1　4つの声調**

| 1声 | 2声 |
|---|---|
| 例：妈 mā<br>高く、<br>伸ばして発音する。 | 例：麻 má<br>低いところから<br>徐々に伸ばすように<br>音程を上げる。 |
| **3声** | **4声** |
| 例：马 mǎ<br>低く、<br>短く発音する。 | 例：骂 mà<br>高いところから<br>落とすように<br>短く発音する。 |

発音するときは、漢字を1字ずつぶつ切りにせず、2文字、もしくは3文字ごとに**フット（音歩）**と呼ばれるかたまりをつくります。フットを最小単位にして、リズミカルに話すようにします。**中国語をリズムよく話すためには、フットの中における声調の高低差の組み合わせを意識することが大切**です。例えば、“我去（Wǒqù）”の声調は「低い→高い」になります。声調の高低差には、次のルールがあります。

**声調のルール**

【声調のルール1】低い声調←——→高い声調

3声　　　　1声、2声、4声

【声調のルール2】「高い音」から、もっと「高い音」へ

【声調のルール3】「低い音」から、もっと「低い音」へ

滑らかに発音するよりも、高低差を出して抑揚があるように話すとネイティブっぽく聞こえるようになります。日本語の場合、アクセントが「山型」になり、最後の音が下がる単語が多くあります。そのため、日本人の学習者は、後ろの発音を下げがちなので気を付けましょう。

## 軽声、3声のコツはコントラストにある

続いては、「軽声」です。**軽声とは、短く、軽く発音する音のこと**です。

1つのフットの中で後ろの漢字が軽声になることがあります。そのとき、前の発音の声調によって、次のように高さが変わることに注意が必要です。

**軽声のルール**

【軽声のルール1】高い1声、2声、4声の後ろにくる軽声は低くなる

【軽声のルール2】低い3声の後ろにくる軽声は高い

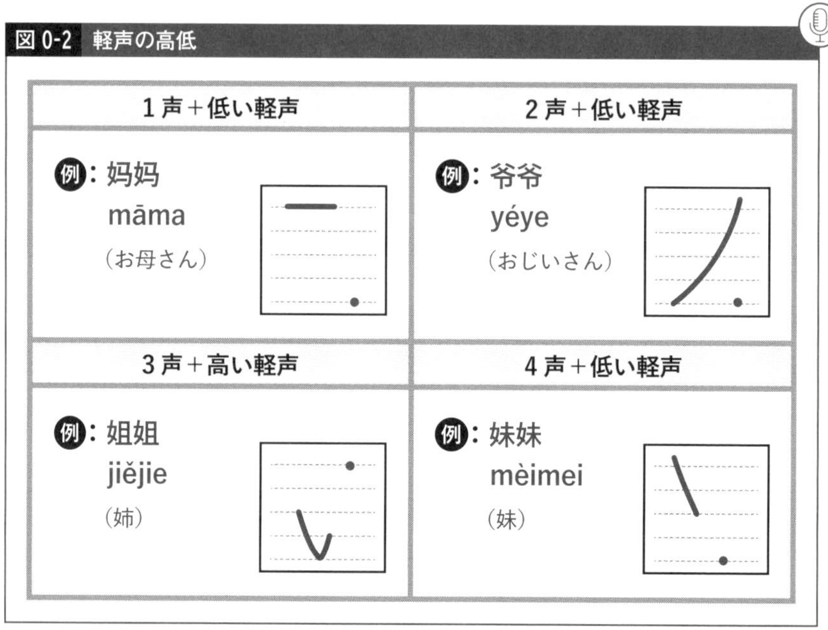

図 0-2 軽声の高低
1 声＋低い軽声
例：妈妈
māma
（お母さん）
2 声＋低い軽声
例：爷爷
yéye
（おじいさん）
3 声＋高い軽声
例：姐姐
jiějie
（姉）
4 声＋低い軽声
例：妹妹
mèimei
（妹）


1つのフットの中で1、2、4声が続く場合、3声をもっと低く抑え、尻が上がらないように発音します。これを「半３声」と呼びます。

**半3声の例**

| lǎoshī | kǎoyú | kǎoròu |
|---|---|---|
| 老师（先生） | 烤鱼（焼き魚） | 烤肉（焼肉） |

3声が連続にくると、１字1字で読む場合はそれぞれ3声です。

しかし、1つのフットとして読む場合、前の漢字が上がり、後ろの漢字は低いままです。結局、前の3声は2声に聞こえます。

| nǐhǎo | xǐzǎo | qiǎnshuǐ |
|---|---|---|
| 你好(こんにちは) | 洗澡（入浴する） | 潜水（ダイビングする） |

## 図 0-3 各声調の組み合わせ

| | 1声 | 2声 | 3声 | 4声 | 軽声 |
|---|---|---|---|---|---|
| 1声 | 叉烧<br>chāshāo | 香肠<br>xiāngcháng | 煎饼<br>jiānbǐng | 鸡肉<br>jīròu | 包子<br>bāozi |
| 2声 | 牛筋<br>niújīn | 咸鱼<br>xiányú | 牛奶<br>niúnǎi | 羊肉<br>yángròu | 馄饨<br>húntun |
| 3声 | 烤鸭<br>kǎoyā | 烤鱼<br>kǎoyú | 火腿<br>huǒtuǐ | 烤肉<br>kǎoròu | 饺子<br>jiǎozi |
| 4声 | 面包<br>miànbāo | 带鱼<br>dàiyú | 热狗<br>règǒu | 泡菜<br>pàocài | 粽子<br>zòngzi |

# 中国語の発音は3つの音からできている

## ピンイン表の見方と発音の学び方

中国語の発音は、「子音＋（介音）＋母音」でできています。発音のローマ字表記は、ピンイン（汉语拼音）と言います。母音には**「単母音」**と**「複母音」**、鼻にかかる母音（**鼻母音**）があります。３つの介音は、単母音、複母音、鼻母音と組み合わせてより複雑な母音をつくることができます。

**図 0-4 子音、介音、母音**

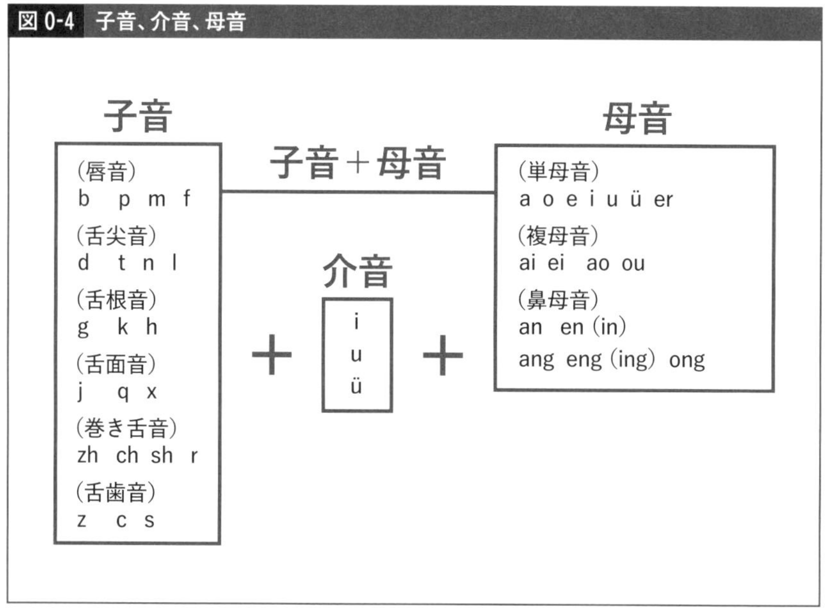

## 図 0-5　単母音の発音の仕方

| | 単母音 | 口の形 | 発音のコツ |
|---|---|---|---|
| 1 | a | | 口を大きく開けて、日本語の「ア」の音に近いように発音。 |
| 2 | o | | 口を丸めて日本語の「オ」の音に近いように発音。 |
| 3 | e | | 喉から出す声。日本語に近い発音はない。うまく喉の奥から声が出せない場合、指で喉を触れながら発声する。また、口は半開きの状態。唇を少し横に開く。 |
| 4 | i | | 日本語の「イ」の音よりもっと鋭く発音。唇を横に開く。舌は少し前寄りに出す（「i」には他の発音もあり）。 |
| 5 | u | | 口をすぼめて日本語の「ウ」に近いように発音。口の中で息をためてから吐き出すイメージ。 |
| 6 | ü | | 日本語にはない発音。少し響いているように聴こえます。舌は i と同じ、唇は u と同じにして発音。 |
| 7 | er | | 口を開けてから閉じるように発音。「アル」をひとつの発音に合わせたようなやや曖昧な発音。 |

## 図 0-6 中国語の音節表

| 子音＼母音 | a | o | e | -i | | er | ai | ei | ao | ou | an | en | ang | eng | ong | i | ia | ie | iao |
|---|---|---|---|---|---|---|---|---|---|---|---|---|---|---|---|---|---|---|---|
| - | a | o | e | | | er | ai | ei | ao | ou | an | en | ang | eng | | yi | ya | ye | yao |
| b | ba | bo | | | | | bai | bei | bao | | ban | ben | bang | beng | | bi | | bie | biao |
| p | pa | po | | | | | pai | pei | pao | pou | pan | pen | pang | peng | | pi | | pie | piao |
| m | ma | mo | me | | | | mai | mei | mao | mou | man | men | mang | meng | | mi | | mie | miao |
| f | fa | fo | | | | | | fei | | fou | fan | fen | fang | feng | | | | | |
| d | da | | de | | | | dai | dei | dao | dou | dan | den | dang | deng | dong | di | | die | diao |
| t | ta | | te | | | | tai | | tao | tou | tan | | tang | teng | tong | ti | | tie | tiao |
| n | na | | ne | | | | nai | nei | nao | nou | nan | nen | nang | neng | nong | ni | | nie | niao |
| l | la | | le | | | | lai | lei | lao | lou | lan | | lang | leng | long | li | lia | lie | liao |
| g | ga | | ge | | | | gai | gei | gao | gou | gan | gen | gang | geng | gong | | | | |
| k | ka | | ke | | | | kai | kei | kao | kou | kan | ken | kang | keng | kong | | | | |
| h | ha | | he | | | | hai | hei | hao | hou | han | hen | hang | heng | hong | | | | |
| j | | | | | | | | | | | | | | | | ji | jia | jie | jiao |
| q | | | | | | | | | | | | | | | | qi | qia | qie | qiao |
| x | | | | | | | | | | | | | | | | xi | xia | xie | xiao |
| zh | zha | | zhe | zhi | | | zhai | zhei | zhao | zhou | zhan | zhen | zhang | zheng | zhong | | | | |
| ch | cha | | che | chi | | | chai | | chao | chou | chan | chen | chang | cheng | chong | | | | |
| sh | sha | | she | shi | | | shai | shei | shao | shou | shan | shen | shang | sheng | | | | | |
| r | | | re | ri | | | | | rao | rou | ran | ren | rang | reng | rong | | | | |
| z | za | | ze | | zi | | zai | zei | zao | zou | zan | zen | zang | zeng | zong | | | | |
| c | ca | | ce | | ci | | cai | cei | cao | cou | can | cen | cang | ceng | cong | | | | |
| s | sa | | se | | si | | sai | | sao | sou | san | sen | sang | seng | song | | | | |

| iou | ian | in | iang | ing | iong | u | ua | uo | uai | uei | uan | uen | uang | ueng | ü | üe | üan | ün |
|---|---|---|---|---|---|---|---|---|---|---|---|---|---|---|---|---|---|---|
| you | yan | yin | yang | ying | yong | wu | wa | wo | wai | wei | wan | wen | wang | weng | yu | yue | yuan | yun |
|  | bian | bin |  | bing |  | bu |  |  |  |  |  |  |  |  |  |  |  |  |
|  | pian | pin |  | ping |  | pu |  |  |  |  |  |  |  |  |  |  |  |  |
| miu | mian | min |  | ming |  | mu |  |  |  |  |  |  |  |  |  |  |  |  |
|  |  |  |  |  |  | fu |  |  |  |  |  |  |  |  |  |  |  |  |
| diu | dian |  |  | ding |  | du |  | duo |  | dui | duan | dun |  |  |  |  |  |  |
|  | tian |  |  | ting |  | tu |  | tuo |  | tui | tuan | tun |  |  |  |  |  |  |
| niu | nian | nin | niang | ning |  | nu |  | nuo |  |  | nuan |  |  |  | nü | nüe |  |  |
| liu | lian | lin | liang | ling |  | lu |  | luo |  |  | luan | lun |  |  | lü | lüe |  |  |
|  |  |  |  |  |  | gu | gua | guo | guai | gui | guan | gun | guang |  |  |  |  |  |
|  |  |  |  |  |  | ku | kua | kuo | kuai | kui | kuan | kun | kuang |  |  |  |  |  |
|  |  |  |  |  |  | hu | hua | huo | huai | hui | huan | hun | huang |  |  |  |  |  |
| jiu | jian | jin | jiang | jing | jiong |  |  |  |  |  |  |  |  |  | ju | jue | juan | jun |
| qiu | qian | qin | qiang | qing | qiong |  |  |  |  |  |  |  |  |  | qu | que | quan | qun |
| xiu | xian | xin | xiang | xing | xiong |  |  |  |  |  |  |  |  |  | xu | xue | xuan | xun |
|  |  |  |  |  |  | zhu | zhua | zhuo | zhuai | zhui | zhuan | zhun | zhuang |  |  |  |  |  |
|  |  |  |  |  |  | chu | chua | chuo | chuai | chui | chuan | chun | chuang |  |  |  |  |  |
|  |  |  |  |  |  | shu | shua | shuo | shuai | shui | shuan | shun | shuang |  |  |  |  |  |
|  |  |  |  |  |  | ru | rua | ruo |  | rui | ruan | run |  |  |  |  |  |  |
|  |  |  |  |  |  | zu |  | zuo |  | zui | zuan | zun |  |  |  |  |  |  |
|  |  |  |  |  |  | cu |  | cuo |  | cui | cuan | cun |  |  |  |  |  |  |
|  |  |  |  |  |  | su |  | suo |  | sui | suan | sun |  |  |  |  |  |  |

## 子音のグループ分け

次に、子音について解説します。

息を止めずにそのまま音を出す母音に対して、子音はいったん息を止めてから吐き出します。

口を楽器に置き換えて考えてみると、子音はいったん蓋を閉じてから、ふたたび蓋を開けて息を送り出すイメージです。

この「蓋」の仕方によって、子音を次の6つのグループに分類することができます。

子音は単独で発音できないので、母音を付けて練習します。

**子音の6つのグループ**

| | | | | | |
|---|---|---|---|---|---|
| 【子音のグループ1】 | 唇 | bo | po | mo | fo |
| 【子音のグループ2】 | 舌先 | de | te | ne | le |
| 【子音のグループ3】 | 舌根 | ge | ke | he | |
| 【子音のグループ4】 | 舌と歯 | ji | qi | xi | |
| 【子音のグループ5】 | 巻き舌 | zhi | chi | shi | ri |
| 【子音のグループ6】 | 舌面 | zi | ci | si | |

## 子音——無気音と有気音

子音の中には、無気音、有気音と呼ばれるものがあります。

**無気音**

b　d　g　j　zh　z

**有気音**

p　t　k　q　ch　c

無気音は、「蓋」をいきなり開けて発音します。

有気音は、摩擦して息をつくってから「蓋」をゆっくり開けて息を吐き出しながら発音します。

特に、日本人の場合は注意が必要ですが、無気音と有気音は、日本語の「清音・濁音」と異なります。中国語には濁音がありません。例えば、「pa／ba」と「ぱ／ば」は違います。「baba」と「ババ」の発音を聞くと、前者は一気に唇を開けますが、後者は少し摩擦をしています。

## 子音――巻き舌音

子音の中で、**zh**、**ch**、**sh**、**r**は巻き舌音と呼びます。中国語らしい発音といえるでしょう。

zh、ch、sh、rの4つは、**口の中に空洞をつくるように発音する**ことがコツです。口を縦に開けてみると、舌が自然に立つのがわかると思います。

このとき、舌をそこまで立てず、スプーンを含んでいるイメージで発音するようにします。

## 3つのi、uに気を付けよう

前にある子音によってiの発音は、それぞれ異なります。

**j**、**q**、**x**という3つの子音の後ろにつくiは、**唇を横に引きながら発音**します。zh、ch、sh、rの後ろにつくiは発音しません。なぜなら、zh、ch、sh、rを発音するときは口が縦に動くため、横に引くことができなくなるからです。z、c、sの後のiは、普通のiほどではなく、唇をやや横に引いて発音します。

また、j、q、xの後ろにüがくるときは、uと書きます。つまり、j、q、xの後のuはüと発音します。

実際、子音と母音の発音はお互いに影響し合います。日本語は母音を強調する言語なので、日本人のみなさんは、子音をしっかりと発音してから母音を出す意識を持つことが大切です。

## 複母音と鼻母音

母音の中には、**複母音**と呼ばれる1つの音節の中に複数の母音がある発音があります。ほとんどが単母音の日本語と比べると、中国語の母音の変化はとても複雑です。

**複母音**は、次の４つです。

**複母音**

ai　ei　ao　ou

単母音は口の開け方にa ＞ o ＞ e ＞ i ＞ u ＞ üという傾向があります。複母音を発音するときも、口の開け方に気をつけましょう。

また、**鼻にかかる母音**があります。これを鼻母音と言います。

**鼻母音**

an　en　in

ang　eng　ing　ong

上の行は口の前半を意識して、口を閉じるのと同時に舌を上顎に付けるように発音します。下の行は、口の奥を意識し、口を開けたまま、後ろから息を抜くように発音します。

## 「介音＋母音」の発音

「**介音＋母音**」の形があります。i、u、üの３つの介音は、次のページの図のように母音と組み合わせることができます。

子音がない場合、3つの介音はy、w、yuと書きます。例えば、鸭 yā、温 wēn、月 yuè。また、inはiとen、ingはiとengが組み合わさった発音です。子音がない場合、inはyin、ingはyingと書きます。

**図 0-7 「介音+母音」**

| 介音＼母音 | a | o | e | ai | ei | ao | ou |
|---|---|---|---|---|---|---|---|
| i | ia | | ie | | | iao | iu |
| u | ua | uo | | uai | ui | | |
| ü | | | üe | | | | |

| 介音＼母音 | an | ang | en | eng | ong |
|---|---|---|---|---|---|
| i | ian | iang | in | ing | iong |
| u | uan | uang | un | ueng | |
| ü | üan | | ün(un) | | |

## 「子音+介音+母音」の発音

最後は、子音と介音と複母音を合わせて発音してみます。子音、介音、母音を一度分けて読んだ後、1つの音にして発音しましょう。

x+i+ong→xióng　熊（クマ）　m+ao→māo　猫（ネコ）
xióngmāo　熊猫（パンダ）

子音がある場合、3つの介音はi、u、üのままで書きます。その場合、次のような綴りの省略があります。

iou→iu　酒 jiǔ　uei→ui　会 huì
uen→un　婚 hūn　üen→un　君 jūn

j、q、xの後ろにこれがきます。ü→uと書きます。以上省略されたのは実際に聞こえないと思われる部分です。省略しないほうが理解しやすい発音もあります。ピンインは、実際の発音をもとにして付けた記号です。細かすぎないために簡略化した箇所はあります。やはり実際の発音をよく聞いて練習しましょう。

## 一部単語の“儿er”化

中国語には、一部の単語の後ろの漢字が“儿”（er）と合わさって発音する**“儿”化**という現象があります。“儿”は、「児」の簡体字です。“女儿”（娘）の場合、“儿”に実際の意味があるので2文字（nǚ, ér）で読みます。“花儿”（花）の場合、“儿”に意味はないので、1つの発音になります。

| | | | |
|---|---|---|---|
| 花儿 huār | 歌儿 gēr | 玩儿 wánr | 有点儿 yǒudiǎnr |
| 味儿 wèir | 果汁儿 guǒzhīr | 空儿 kòngr | 电影儿 diànyǐngr |

## “一、不”の声調変化

“一”と“不”の声調は、後ろにくる漢字によって変わります。“一”と“不”は4声で読むことを基本にしましょう。後ろに同じ4声がくる場合、“一”と“不”は2声に変わります。“一”“不”はよく使う漢字なので、下の例外を頭に入れておきましょう。

| | | | |
|---|---|---|---|
| 一只 yì zhī | 一时 yì shí | 一把 yì bǎ | 一下 yí xià |
| 不喝 bù hē | 不来 bù lái | 不好 bù hǎo | 不要 bú yào |

# 第1章

# 三大文型と主題

# 中国語の三大文型を「主題」で読み解く

## 中国語の構文のほとんどは三大文型のいずれかに属する

第1章では、中国語の構文について解説します。構文をわかりやすい言葉で説明するとすれば、公式的な文の形のことです。

前半で中国語の「三大文型」、後半で「主題＋三大文型」についてお話しします。

中国語の構文のほとんどは、三大文型のいずれかに属します。そのため、中国語の上達において、三大文型を理解することがなによりも重要になります。

では、中国語の三大文型とはなにかと言うと、名詞述語文、形容詞述語文、動詞述語文の3つです。3つともに「述語文」という言葉が入っていることからもわかる通り、述語部分が3種類あるということです。本書では、それぞれ名詞文、形容詞文、動詞文と表記します。

三大文型の中でも文の種類が圧倒的に多いのが動詞文です。

動詞文を理解するときのポイントは、2つです。

1つは、目的語の数に注目することです。動詞文に置かれる目的語の数は、ゼロ個、1個、2個（二重目的語）の3パターンになります。

もう1つは、動詞文の代表的な構文を理解することです。動詞文の代表的な構文は、名詞的語句（魔法の箱）を持つ文、連動文、兼語文、“在”構文、“有”構文の5つです。

最後に、中国語と日本語に共通する「主題＋説明」という文のとらえ方について、形容詞文、動詞文を中心に解説します。

## 第1章　見取り図

### 中国語の三大文型

三大文型は、「主語＋述語」の述語による分類

1．名詞文
2．形容詞文
3．動詞文

### 動詞文の構文

1．ゼロ目的語文
2．一目的語文
3．二重目的語文
4．V＋名詞的語句（魔法の箱）を持つ文
5．連動文
6．兼語文
7．“在”構文（存在）
8．“有”構文（存在）

### 主題＋三大文型

1．主題＋形容詞文
2．主題＋動詞文

# すべて「主語＋述語」でできている中国語の構文

## なぜ、三大文型で整理するとスッキリするのか？

**中国語の構文は、すべて「主語＋述語」の形をとります。**そして、述語に注目することで、次の3つのグループに分類することができます。

### 中国語の三大文型

1. 名詞述語文　他是一个画家。（彼は画家です。）
   Tā shì yí ge huàjiā.
2. 形容詞述語文　他很帅。（彼はかっこいい。）
   Tā hěn shuài.
3. 動詞述語文　他去美术馆。（彼は美術館に行きます。）
   Tā qù měishùguǎn.

1つ目の“他是一个画家。”という文の“是”について、英語のbe動詞の役割に近い言葉として解説されることがよくあります。しかし、本書では「名詞をもって判断する」という内容から、この文型を名詞述語文とします（“是”には違う使い方もあります。第5章で解説します）。

2つ目の“他很帅。”の“帅”は形容詞なので、形容詞述語文です。

3つ目の“他去美术馆。”は「主語＋動詞＋目的語」の形の文型です。これを動詞述語文と呼びます。

名詞述語文は「判断を下す」、形容詞述語文は「印象を述べる」、動詞述語文はおもに「行動を説明する」文ということになります（以降は名詞文、形容詞文、動詞文と略称します）。

## 文のパターンがもっとも多い動詞文

三大文型の中で、文のパターンがもっとも多いのが動詞文です。
まず、動詞文には、次の3つの意味があります。

### 動詞文の3つの意味

1. 行動　　他每天跑步。（彼は毎日走ります。）
   Tā měitiān pǎobù.
2. 状態　　我的电脑坏了。（私のパソコンが壊れました。）
   Wǒ de diànnǎo huàile.
3. 存在　　“在”や“有”を使う文（P38で改めて解説）

そして、動詞文の目的語の数は、ゼロ～2個の3パターンあります。

### 動詞文の目的語の数

ゼロ個　他每天跑步。（彼は毎日走ります。）
Tā měitiān pǎobù.

1個　我吃蛋糕。（私はケーキを食べます。）
Wǒ chī dàngāo.

2個　我送他一条围巾。（私は彼にマフラーをあげます。）
Wǒ sòng tā yì tiáo wéijīn.

動詞文における目的語は、「動作の目的」「動作の起点」「動作の着点」などを表します。まず、目的語がゼロ個の動詞文とは、“他每天跑步。”や“我的电脑坏了。”などです。“我吃蛋糕。”は、“蛋糕”（ケーキ）が「動作の対象」の目的語です。“我送他一条围巾。”には、目的語が2つあります。このような文を二重目的語文と呼びます。「受け手」（“他”／彼）と「対象」（“一条围巾”／マフラー）という順で、人間を表す言葉が先にきます。

動詞文の中には、次のように、「魔法の箱」を持つ文、連動文、兼語文と呼ばれる構文があります。

**動詞文の3つの構文**

| | |
|---|---|
| 魔法の箱を持つ文 | 我喜欢买东西。(私は買い物が好きです。)<br>Wǒ xǐhuan mǎi dōngxi. |
| 連動文 | 他们用筷子吃寿司。(彼らはお箸で寿司を食べます。)<br>Tāmen yòng kuàizi chī shòusī. |
| 兼語文 | 我唱个歌给你听。(歌って聞かせます。)<br>Wǒ chàng ge gē gěi nǐ tīng. |

一番上の"我喜欢买东西。"は、**目的語の場所にフレーズ("买东西"/買い物)が入っています。**まるで何を入れても自動的に名詞になる箱を持つ文というような感じです。このような文を私は「魔法の箱」を持つ文と呼んでいます。真ん中の文の"他们用筷子吃寿司。"は、**2つ以上の動作を時間順に並べ、つなげて話す連動文**です。"我唱个歌给你听。"は、**1人の行動ともう1人の行動をつなげて話す兼語文**です。

最後に紹介するのは、"在"や"有"を使って存在を表す動詞文です。

**存在を表す動詞文**

| | |
|---|---|
| "在"を使う文 | 我下午在公司。(私は午後会社にいます。)<br>Wǒ xiàwǔ zài gōngsī. |
| "有"を使う文 | 街上有很多外国人。(街に外国人がたくさんいます。)<br>Jiēshang yǒu hěnduō wàiguórén. |

"在"を使う文の"我下午在公司。"は、「動詞+目的語」の形です。これは、「人かモノが、ある場所に存在する」ことを表します。"有"を使う文の"街上有很多外国人。"は、「ある場所に人とモノが存在する」ことを表す文で

す。「存在する」＋「人、モノ」という形をとります。存在の主体が動詞の後ろになります。以上が、基本的な動詞文になります。

## 「主題と説明」の関係

ここまで見てきた三大文型の文頭に、「主題」という概念を置くことができます。

**三大文型の文頭に「主題」を置く**

| | | | | |
|---|---|---|---|---|
| 主題 | ＋ | 形容詞文 | → | 大象鼻子很长。<br>Dàxiàng bízi hěn cháng. |
| 主題 | ＋ | 動詞文 | → | 那个电影我看过。<br>Nà ge diànyǐng wǒ kànguo. |

例えば、“大象／／鼻子／很长。”（象は鼻が長いです。）という文の場合、“大象”（象）自体は長くありません。長いのはあくまで“鼻子”です。そこで、**この文の“大象”は主題、“鼻子很长”は主題に対する説明と解釈できる**のです。

つまり、**「主題＋形容詞文」**ということです（従来の説明では、これを「主述述語文」と呼んでいます）。

また、“那个电影／／我／看过。”（あの映画を私は観ました。）という文の“电影”は、“看”の主体ではありませんよね。つまり、この文は、**“那个电影”が主題、“我看过”は主題に対する説明で、「主題＋動詞文」と解釈できる**のです（従来の説明では、これを「目的語を前に置く動詞文」と呼びます）。主題という概念を導入すると、バラバラとされていた構文をきれいに整理することができます。

さらに重要なのは「主題＋説明」は、「場面①→場面②」という場面転換をしているともとらえられることです。この感覚は、じつは中国語だけでなく、日本語でも馴染みがあると思います。「今日はありがとう」と言う場合、「今日」という名前の人物が誰かに感謝しているわけではありませんし、「ディズニーランドは楽しかった！」と言う場合も、ディズニーランドという人物が楽しかったという感想を述べているわけではありません。このような文を理解するときは、「場面①→場面②」という言語感覚が重要になるのです。

## その他の要素

ここまでお話ししてきたのは、文の「幹」の部分です。日常会話で使われる文は、この「幹」にさまざまな「飾り」が付きます。

本書では、「飾り」の部分も構文の形にして解説します。例えば、“了、在、着、过”という「時制、アスペクト」に関係する語句は構文として理解できます。“了／没”文と“过／没～过”文は、「肯定／否定」です。意味からして“了／没”文は1回の変化、“过／没～过”は2回の変化と関わる、というように理解できます。

また、前置詞は、前置詞句（フレーズ）の形で使われます。これを「前置詞句を使う文」として考えましょう。例えば、「前に（後ろに）前置詞句を使う文」というように分類できます。

能願動詞も、“会”を使う文、“应该”を使う文のように整理できます。前者の構文では「できると判断する理由」が求められます。後者の構文は「道理」にこだわる心情の現れです。

補語は、離合詞で分類できます。離合詞とは「2つの漢字が合わさったフレーズ／詞」です。つまり、フレーズと単語（詞）としての両面性を持っています。このような離合詞は大きく分けて2種類あります。1つは“结婚”のような「動作＋目的語」のような形です。もう1つは、“看完”のような「動作＋結果」の形です。

第5章で詳しく説明しますが、以上の2つの離合詞で補語を分類すると、使い方も簡単に理解できるようになります。

## 特殊構文も三大文型から離れていない

比較文や"是～的"文、存現文、"把"構文などの特殊構文は、一般的に三大文型から切り離されて解説されることが多いのですが、すべて紐づけて理解することができます。

例えば、比較文は、形容詞文の一種として理解できますし、存現文は"有"構文と同じような構造を持っています。"是～的"文は、動詞文の中で言いたいところに焦点を合わせた表現です。また、"把"構文と"被"構文は、離合詞（フレーズ）の形で動詞を合わせたうえで、2文を1文にした構文です。「主題＋説明」の方法を使って理解できます。使役文と"有／没有（主語）～"の文も前に検討した兼語文です。

図 1-1 特殊構文も三大文型に紐づける

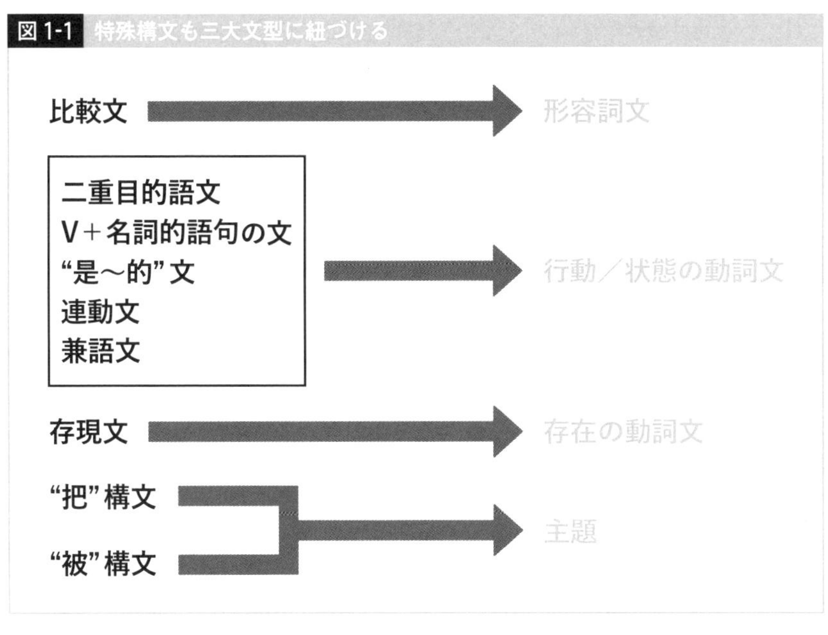

# 人・モノの数え方 2つのルール

## 量詞と具体的な人、モノ

中国語の人やモノの数え方には、2つの重要なルールがあります。**1つ目のルールは、人やモノを数えるときは、次のように「数詞＋量詞＋名詞」の順になることです。**量詞とは、モノなどを数えるときに使う言葉です。

一本书　yì běn shū（1冊の本）
两杯茶　liǎng bēi chá（2杯のお茶）
三个人　sān ge rén（3人）
一双鞋　yì shuāng xié（一足の靴）
一些花　yìxiē huā（少しの花）

量詞には、“本”のような「固有の数え方」、“杯”のような「容器を使って数える」、“双”のような「ペアの数え方」の3つのタイプがあります。

また、“一些”（some）のような数え方もあります。この場合、量詞を使わないのが普通です。

## “一”が重要でなければ省略する

**2つ目のルールは、「“一”が重要でなければ省略する」ことです。**次ページの右上の文を見てください。「雑誌でも買う？」と言うとき、“一”を付けません。ただし、相手に「何冊？」と聞かれた場合は、“一”を省略せずに答えます。

上高铁前买本杂志吧。（新幹線に乗る前に、雑誌を買おう。）
Shàng gāotiě qián mǎi běn zázhì ba.

买几本？（何冊買う？）
Mǎi jǐ běn?

买一本杂志，再买一份报纸。（雑誌を1冊、そして新聞を1部買うよ。）
Mǎi yì běn zázhì, zài mǎi yí fèn bàozhǐ.

## “这、那”と特定の人、モノ

最後に、指示詞の“这（この、その）”“那（その、あの）”と組み合わせた表現の仕方を紹介します。

这杯茶　zhè bēi chá（このお茶）
这两杯茶　zhè liǎng bēi chá（この2杯のお茶）
那四个人　nà sì ge rén（あの4人）
那些花　nàxiē huā（あれらの花）

「このお茶」は、“这一杯茶”（この1杯のお茶）ではなく、“一”を消して“这杯茶”になります。日本語の場合、「このお茶」と言うときに「杯」を入れませんが、中国語の場合は、“一”を消して“杯”を残します。
「これらの花」も、同様です。“这一些花”との組み合わせから“一”を消して“这些花”になります。

例えば、“书”は抽象的な概念です。“三本书”は「具体的な本」を指します。これはまだ「任意の本」です。“这三本书”は、話す人と聞く人の頭の中で実物がイメージできる「特定の本」です。この三者の違いは、この後に説明する一部の構文を理解するときに重要になります。

# 2つの名詞の関係について判断を下す「名詞文」

## 名詞文の基本的な形は「名詞＝名詞」

ここから、いよいよ本題に入ります。

まずは、三大文型の名詞文の基本的な形を見てみましょう。

名詞文＝名詞＋“是／不是”＋名詞

我是日本人。（私は日本人です。）
Wǒ shì Rìběnrén.

他不是大学生。（彼は大学生ではありません。）
Tā búshì dàxuéshēng.

**名詞文は、2つの名詞の関係について判断を下す文**です。上の文における“是”は「イコール」の意味です。“日本人”は、具体的な人ではなく、ある属性を指しているため、“日本人是我。”とは言いません。

しかし、次のように、具体的な人を指す場合は逆にできます。

他是我的老师。（彼は私の先生です。）
Tā shì wǒ de lǎoshī.

我的老师是他。（私の先生は彼です。）
Wǒ de lǎoshī shì tā.

## 名詞→名詞的な語句

次に、名詞文の発展形を見てみましょう。

**名詞文の発展形**

名詞・名詞的な語句＋“是／不是”＋名詞・名詞的な語句

每周游泳是一个很好的习惯。（毎週泳ぐのは良い習慣です。）
Měizhōu yóuyǒng shì yí ge hěn hǎo de xíguàn.

“游泳”は「泳ぐ」という意味の「動詞フレーズ」としても、「水泳」という意味の名詞としても解釈できます。しかも、フレーズの“每周游泳”と“一个很好的习惯”は、いずれも名詞的な語句です。ここには、何を置いても名詞のように変わります。

次の文章を見てください。

他儿子是东京大学的学生①，他是松下公司的②，他的爱好是每天去公园遛狗③。
Tā érzi shì Dōngjīng dàxué de xuésheng，tā shì Sōngxià gōngsī de，tā de àihào shì měitiān qù gōngyuán liù gǒu.

（彼の息子は、①東京大学の学生です。彼は②松下会社の人です。彼の趣味は③毎日公園で犬を散歩させることです。）

下線①から③の箇所について、“是”の後ろに注目しましょう。①“东京大学的学生”は、「修飾語＋“的”＋名詞」です（“的”は「の」です）。続いて②“松下公司的”は、「フレーズ＋“的”」の形です。“的”の後ろにくるはずの“人”が省略されました。このような省略が頻繁に行われるため、中国語では“的”で終わる文が多くなります。そして、③“每天去公园遛狗”は、フレーズです。フレーズの後ろに何も付けないまま名詞の役割を果たせるのは、中国語の大きな特徴の1つでしょう。以上が「名詞的な語句」を使う名詞文になります。

## 訳す「の」と訳さない「の」

次の2つの文を見てください。日本語の訳には、どちらも「の」が入っているにもかかわらず、上の例文には“的”が入っていません。

多看中国的电视剧是学汉语的好方法。
Duō kàn zhōgguó de diànshìjù shì xué Hànyǔ de hǎo fāngfǎ.
（中国のドラマをよく見るのは、中国語を勉強するよい方法です。）

昨天在新宿买的是这个包。
Zuótiān zài Xīnsù mǎi de shì zhè ge bāo.
（昨日新宿で買ったのは、このバッグです。）

上の例文の「の」は動作そのものを指すので、“的”を使いません。下の例文の「の」は動作の対象を指すので、“的”が必要というわけです。

## “是”を使わない名詞文

日にちや年齢などの文の場合、“是”がなくても名詞文として成立します。ただし、否定文の場合は、かならず“不是”を使います。

明天5月4号，是我的生日，我今年28岁。
Míngtiān wǔyuè sì hào, shì wǒ de shēngrì, wǒ jīnnián èr shí bā suì.
（明日は5月4日で、私の誕生日です。私は今年28歳です。）

你今年不是28岁，是27岁吧。
Nǐ jīnnián bú shì èr shí bā suì, shì èr shí qī suì ba.
（あなたは今年28歳でなく、27歳ですよね。）

## 図 1-2　名詞的語句とは何か

名詞文 ＝ 名詞 ＋"是／不是"＋ 名詞

「名詞化」しなくても、「動詞」や「形容詞」「フレーズ」がそのままの形でなんでも「名詞的語句」になる!

### ■ 形容詞 ⇨ 名詞的語句

最重要的是 开心。
Zuì zhòngyào de shì kāixīn.
（一番大事なのは、楽しいことです。）

### ■ 動詞 ⇨ 名詞的語句

开车 是一件不太难的事。
Kāichē shì yí jiàn bú tài nán de shì.
（運転することは、あまり難しいことではありません。）

### ■ フレーズ ⇨ 名詞的語句

从周一到周三 是他工作的时间。
Cóng zhōuyī dào zhōusān shì tā gōngzuò de shíjiān.
（月曜日から水曜日までが、彼の仕事の時間です。）

# 印象を述べる形容詞文

## 中国語の形容詞は、主語がなくてもOK

名詞文の次は、形容詞文です。形容詞とは、日本語で言うところの「おいしい」や「暑い」「美しい」「明るい」などの言葉のことです。形容詞文は、何かについて「印象を述べる」文ということになります。

形容詞文の基本的な形は、次の通りです。

形容詞文 ＝名詞＋“（　　）／不”＋（副詞）＋形容詞

形容詞文では、次のように主語がない形がよく用いられます。

**主語のない形容詞文**

真好吃！　Zhēn hǎochī!（おいしい！）

太热了！　Tài rè le!（暑い！）

上の文に主語を足すと、次のようになります。

**主語のある形容詞文**

麻婆豆腐真好吃！（マーボー豆腐はおいしい！）
Mápó dòufu zhēn hǎochī!

今天太热了！（今日は暑い！）
Jīntiān tài rè le!

## 程度副詞から気合いがわかる

形容詞文には、「とても」や「かなり」などの程度副詞がよく付きます。

① 話し手の気持ちを入れて話す「感嘆文」によく使われる副詞

真　　zhēn（本当に）

太～了　tài～le（とても）

这么　zhème（こんなに）

那么　nàme（あんなに）

多　　duō（なんて～だろう）

② 淡々と他人事のように話す「平叙文」によく使われる副詞

比较　bǐjiào（わりと）

相当　xiāngdāng（かなり）

非常　fēicháng（非常に）

特别　tèbié（とても）

①の副詞は「話し手の気持ちを入れて話す」感嘆文、②の副詞は「淡々と他人事のように話す」平叙文で使います。

**感嘆文に使う“太～了”は、肯定的な評価とマイナスの評価のどちらの場合でも使えます。**

“太”には「～すぎる」という意味があるので、次の文の場合、否定的な意味になります。

**否定的な意味で使われる“太～了”の文**

菜太辣了！　Cài tài là le!（料理が辛すぎる！）

这里太高了！　Zhèli tài gāo le!（ここは高すぎる！）

一方で、“太～了”には「とても～」「すごく～」のような感心する気持ちを表す役割もあるので、次の文の場合、肯定的な意味になります。

**肯定的な意味で使われる“太～了”の文**

太好了！　Tài hǎo le!（ほんとうによかった！）

太高兴了！　Tài gāoxìng le!（本当に嬉しい！）

他にも、“这件衣服太漂亮了。”という文の場合、「この服は本当にきれい！」と「この服はきれいすぎる（私に似合わない）」という相反する意味で解釈できます。このような場合は、文脈で判断するようにします。

## ただの飾りの場合もある“很”

もう1つ、形容詞によく付けられる程度副詞が“很”です。

**“很”は「とても」という意味ですが、強く発音しない場合は特に意味がなくなり、ただの「飾り」になります。**

他很高，他很有钱，他很帅。
Tā hěn gāo，tā hěn yǒuqián，tā hěn shuài.
（彼は背が高い、彼はお金がある、彼は格好いい。）

なぜ、「飾り」の“很”が必要かと言うと、程度副詞がないと比較するニュアンスが強まってしまうからです。

次の例文の「昨日」と「今日」は比較の対象なので、程度副詞がありません。この場合、「～は～、～は～」と訳します。

昨天冷，今天热。（昨日は寒かったが、今日は暑い。）
Zuótiān lěng，jīntiān rè.

## 形容詞の否定、"不"と副詞の語順関係

**形容詞文の否定形は、基本的に"不"を使います**（「"没"＋形容詞」の形は第2章で解説します）。

**形容詞文の否定形**

这种包不贵，也不漂亮。Zhè zhǒng bāo bú guì, yě bú piàoliang.
（このバッグは高くないし、きれいじゃない。）

程度副詞があると、語順が少し複雑になります。
"不"は、後ろの内容にかかります。そのため、"很不好吃。"と"不很好吃。"では、否定する内容が微妙に異なります。

**"很不好吃"の場合**

否定する内容＝"不"の後ろの"好吃"（おいしい）
したがって、「おいしくない」。"很"（とても）が付いて、
"很不好吃。"→とてもおいしくない。

**"不很好吃"の場合**

否定する内容＝"不"の後ろの"很好吃"（とてもおいしい）
したがって、「とてもおいしいというわけではない」
"不很好吃。"→まあまあおいしい。／あまりおいしくない。

"很不好吃"は、「おいしくない」の程度が高い、つまり「とてもおいしくない」です。

一方、"不很好吃"は「とてもおいしいというわけではない」、つまり「まあまあおいしい」「あまりおいしくない」です。"不很"の代わりに、"不太"（あまり～ない）が使われることもよくあります。

# 行動を説明する動詞文

## 動詞文の形①目的語を持たない

文のパターンが多い動詞文は、1つの大家族のようなイメージです。
まずは、目的語の数別に解説します。
以下が、目的語がゼロの動詞文の形です。

目的語がゼロの動詞文＝名詞＋動詞

この形では、「行動」と「状態」の2つを表せます。

**目的語がゼロの動詞文（行動）**

我每天跑步。　Wǒ měitiān pǎobù.（私は毎日走ります。）
我每天不跑步。　Wǒ měitiān bù pǎobù.（私は毎日走りません。）

“跑步”（走る）は、日本語の自動詞にあたります。否定形は“不～”と“没～”の2種類です。使い分けは、改めて解説します。「状態」を表す動詞文の場合、次のように“了”を使い、「～になった」という変化を表します。

**目的語がゼロの動詞文（状態）**

我的电脑坏了。　Wǒ de diànnǎo huài le.
（私のパソコンが壊れました。）
我的电脑没坏。　Wǒ de diànnǎo méi huài.
（私のパソコンは壊れていません。）

## 動詞文の形②目的語を持つ

続いては、目的語が1個の動詞文です。

目的語が1個の動詞文＝名詞＋動詞＋目的語

この場合の語順は、英語のSVOに似ています。

**目的語が1個の動詞文**

我去河边。　Wǒ qù hébiān.（私は川辺に行きます。）

他修理电脑。　Tā xiūlǐ diànnǎo.（彼はパソコンを修理します。）

否定形にするときは、“不” を使います（“没” については後で説明します）。

**目的語が1個の動詞文の否定形**

他不去河边。　Tā bú qù hébiān.（彼は川辺に行きません。）

我们店不修理这种电脑。（本店はこの種類のパソコンを修理しません。）
Wǒmen diàn bù xiūlǐ zhè zhǒng diànnǎo.

“不” の場所によって、「否定する内容」が変わります。

我每天不去公司。　Wǒ měitiān bú qù gōngsī.

我不是每天去公司。　Wǒ bú shì měitiān qù gōngsī.

上の例文の意味は、“每天［不［去公司]]” ということなので、「毎日会社に行かない。」になります。一方、下の例文は “不是［每天／去公司]” ということなので、「毎日は会社に行かない。」という意味になります。

## 中国語の目的語ってなに？

日本語の場合、一般的に目的語は、「ご飯を食べる」の「ご飯」、つまり動作の対象を指します。ところが、中国語の目的語には、「動作の対象」以外にも、多くの意味があります。次を見てください。

**「動作の対象」としての目的語の例**

給一本书 gěi yì běn shū （本をあげる）

浇水 jiāo shuǐ （水をやる）

喂奶 wèi nǎi （授乳する）

**「動作の受け手」としての目的語の例**

给他 gěi tā （彼にあげる）

浇花 jiāo huā （花に（水を）やる）

喂孩子 wèi háizi （子供に（おっぱいを）あげる）

上の行の名詞は「動作の対象」ですが、下の行の名詞は、「動作を受けた人や物」になっています。次は、「動作の目的」です。

**「動作の目的」としての目的語の例**

烧开水 shāo kāishuǐ （お湯を沸かす）

介绍男朋友 jièshào nánpéngyou （彼氏を紹介する）

"烧开水"は「お湯」ではなく「水」を沸かしてお湯にするという意味です。"介绍男朋友"は「彼氏になりうる男性を紹介して、将来彼氏になる」という意味です。

次は、動作の「起点」と「着点」です。まずは、動作の「起点」から見てみましょう。

**「動作の起点」としての目的語の例**

下车 xià chē　　　　　　　　　离开中国 líkāi Zhōngguó

((車、電車を) 降りる)　　　　(中国を離れる)

“下车” は「車 (電車) を降りる」、“离开中国” は「中国を離れる」ですが、いずれも「ある場所から動く」という意味です。

**「動作の着点」としての目的語の例**

上车 shàng chē　　　　　　去美国 qù Měiguó

((車、電車に) 乗る)　　　(アメリカに行く)

いずれも、「ある場所に向かう」という、着点の意味になっています。

最後は、動作が行われる場所です。

**「動作が行われる場所」としての目的語の例**

洗温泉 xǐ wēnquán　　　　　　吃食堂 chī shítáng

(温泉に入る)　　　　　　　　(食堂で食べる)

これらは少し古い言い方ですが、“洗温泉” は「温泉を洗う」ではなく、「温泉に浸かる」です。“吃食堂” も「食堂で食べる」です。これらは行動が行われる場所を表します。

ここまで見てきた通り、中国語の目的語は、日本語以上に内容がさまざまです。日本人のみなさんからすると、これらをすべて目的語とするのには少し違和感があるかもしれませんが、中国語の文法上ではすべて目的語なのです。

# 目的語を2つ持つ二重目的語文

## 受け手と対象、どっちが大事？

次は、目的語を2個持つ二重目的語文についてお話しします。

二重目的語文＝ 名詞 ＋ 動詞 ＋目的語1 ＋ 目的語2

| | | 人間 | モノ |
|---|---|---|---|
| 他 | 给 | 我 | 一本书。 |
| | | 受け手 | 対象 |

**二重目的語文の2つの目的語は、「受け手」と「対象」です。**

しかも、「受け手」の位置はかならず「対象」の前になります。この順番は「人間が別格だ」という考えがベースにあります。

二重目的語文で使えるおもな動詞は、次の通りです。

### 二重目的語文に使えるおもな動詞

| 给 | 送 | 借 | 借给 | 告诉 | 教 | 还 |
|---|---|---|---|---|---|---|
| gěi | sòng | jiè | jiègěi | gàosu | jiāo | huán |
| （あげる） | （贈る） | （借りる） | （貸す） | （伝える） | （教える） | （返す） |

これらの動詞は「AからBへ」という**「必然的に2人が含まれている動作」**を表します。例えば、“告诉”（伝える）には「AからBへ」という状況が含まれています。そのため、この構文に“说”（話す）は使えません。1人でも話せるからです。「お父さんに話した」と言う場合は、“我说爸爸了。”

ではなく、"我对爸爸说了。"（Wǒ duì bàba shuō le.）になります。"说"には「AからBへ」と「小言を言う」「叱る」という意味があるため、ネイティブが"我说爸爸了。"と聞くと、「お父さんに怒った」という解釈をしてしまうのです。

## 情報の中身はそのまま展開する

この構文を使う場面は、おもに2つです。

1. **モノや金銭を渡したり、貸し借りしたりするとき**
2. **情報を伝えたり知識を教えたりするとき**

まず、1つ目のモノや金銭を渡したり、貸し借りしたりするときの文を見てみましょう。

我还他一本书。（私は彼に本を1冊返しました。）
Wǒ huán tā yì běn shū.

続いては、2つ目の情報を伝えたり知識を教えたりするときの文です。

我告诉他那件事了。（彼にあの件を教えました。）
Wǒ gàosu tā nà jiàn shì le.

我告诉他明天没有课。（彼に明日授業がないと教えました。）
Wǒ gàosu tā míngtiān méiyǒu kè.

上の文の"那件事"の内容が、下の文の"明天没有课"です。"明天没有课"は、「～ということ」「～について」などの意味の言葉を使わずに情報をそのまま展開しています。"我告诉他关于明天没有课。"と言いがちですが、"关于"（～について）は不要です。

# 「名詞的語句」が後ろにくる動詞文

## 「魔法の箱」を持つ動詞文とは?

前項で「情報をそのまま展開する」という話をしました。ここでは、動詞の後ろに名詞的語句（魔法の箱）がくる文について詳しく見てみます。

| | | |
|---|---|---|
| 動詞＋名詞 | → | 動詞＋名詞的語句（魔法の箱） |
| 我喜欢啤酒。<br>Wǒ xǐhuan píjiǔ.<br>（私はビールが好きです。） | → | 我喜欢喝啤酒。<br>Wǒ xǐhuan hē píjiǔ.<br>（私はビールを飲むのが好きです。） |

“喝啤酒”（ビールを飲む）は、動詞フレーズで、「魔法の箱」に入れると、名詞のような扱いになります。動詞の後ろの情報は、長くても大丈夫です。

我喜欢在小店里跟很多人一起喝啤酒。
Wǒ xǐhuan zài xiǎodiàn li gēn hěn duō rén yìqǐ hē píjiǔ.
（小さい店で、みんなと一緒にビールを飲むのが好きです。）

## 動詞の意味は変わる?

動詞＋「名詞的語句（魔法の箱）」の場合、後ろに続く名詞、名詞的な語句によって動詞の意味が変わることがあります。

例えば、“爱”と“喜欢”。後ろに人間などの名詞がくる場合、“爱”はlove（愛する）、“喜欢”はlike（〜好きだ）という意味です。

ところが、「名詞的語句（魔法の箱）」に動作がくる場合は、“爱”も“喜欢”も、同程度の「～が好きです」という意味になります。また、“爱”は「よく～する」という意味で使われることもあります。

| | | |
|---|---|---|
| 我爱他。Wǒ ài tā.<br>（私は彼を愛しています。） | ≠ | 我喜欢他。Wǒ xǐhuan tā.<br>（私は彼が好きです。） |
| 他爱喝酒。Tā ài hējiǔ.<br>（彼はお酒を飲むのが好きです。） | = | 他喜欢喝酒。Tā xǐhuan hējiǔ.<br>（彼はお酒を飲むのが好きです。） |

他体质比较弱，到了冬天爱感冒。
Tā tǐzhì bǐjiào ruò，dào le dōngtiān ài gǎnmào.
（彼は体が弱く、冬になると風邪を引きやすいです。）

那个孩子很爱哭。（あの子は泣き虫です。（よく泣く））
Nàge háizi hěn ài kū.

会話でよく使われる下のような動詞の後ろに、名詞的語句（魔法の箱）がよくきます。

我打算明年换一辆新车。（来年、新しい車を買い替えるつもりです。）
Wǒ dǎsuàn míngnián huàn yí liàng xīn chē.

我决定辞掉工作，去北京留学。（仕事を辞めて北京に留学すると決めた。）
Wǒ juédìng cídiào gōngzuò，qù Běijīng liúxué.

我觉得他今天不太高兴。（彼は今日、機嫌がよくないと思います。）
Wǒ juéde tā jīntiān bú tài gāoxìng.

我发现你最近瘦了。（あなた最近痩せたよね。（私は気づいた））
Wǒ fāxiàn nǐ zuìjìn shòu le.

我感到生活很幸福。（生活は幸せだなぁと感じています。）
Wǒ gǎndào shēnghuó hěn xìngfú.

# 2つ以上の動作が含まれる連動文

## ポイント 連動文とは？

次のような、**2つ以上の動作を含む文**のことを連動文と呼びます。

連動文＝　主語　＋　動詞＋目的語　＋　動詞＋目的語
我 wǒ　去涩谷 qù Sègǔ　买衣服 mǎi yīfu 。
（私は、服を買いに渋谷に行きます。）

**先に「渋谷に行く」ことを言ってから「服を買う」と続くように、連動文を使うときは時間の流れに従う**ことがポイントです。

**連動文には、「どこに何をしに行く／来る」【行き来系】と「何らかの手段で何かをする」【手段—目的系】の2つのタイプがあります。**

まず、「行き来」系の連動文では、“来”や“去”を使います。場所を省略すると、「動詞＋動詞」の形になります。

### 「行き来」系の連動文

他们下周三来我们公司谈业务。
Tāmen xiàzhōusān lái wǒmen gōngsī tán yèwù.
（彼らは来週水曜日打ち合わせに会社に来ます。）

我打算明年去留学。（私は来年留学するつもりです。）
Wǒ dǎsuàn míngnián qù liúxué.

「手段―目的」系の連動文は、次のように「～で～する」と訳せます。

### 「手段―目的」系の連動文

我们坐新干线去大阪？（新幹線で大阪に行きますか？）
Wǒmen zuò Xīngànxiàn qù Dàbǎn?

我骑车去那里。Wǒ qíchē qù nàli.（自転車であそこに行きます。）

次のように、動作の順番が逆になると意味が違ってしまいます。

我去大阪坐新干线。（私は大阪に行って新幹線に乗ります。）
Wǒ qù Dàbǎn zuò Xīngànxiàn.

我坐新干线去大阪。（私は新幹線で大阪に行きます。）
Wǒ zuò Xīngànxiàn qù Dàbǎn.

連動文は2つの動作が入っているため、否定形が少し複雑です。

2つの動作の前にそれぞれ“不”を置く形が一般的です。

我不去那里吃饭。（私はそこに食事に行きません。）
Wǒ bú qù nàli chīfàn.

後ろの動詞の前に“不”を置いて、後ろだけを否定する場合もあります。

我去那里不吃饭。（私はそこに行きますが、食事はしません。）
Wǒ qù nàli bù chīfàn.

# 2つの文が1つになる兼語文

## 兼語文とは？

中国語の兼語文は、他の言語にはほとんど見当たらない構文です。
兼語文では、おもに2人以上の行動が関係します。

兼語文＝

主語1 ＋ 動詞 ＋ 主語2
主語2 ＋ 動詞 ＋ 目的語

我　看见　他　在吃　面条。
Wǒ kànjiàn tā zài chī miàntiáo.
（彼が麺を食べているのを見ました。）

連動文と同様、兼語文も2つの文からできています。１番目の文の目的語が、2番目の文の主語にあたります。これが、「兼語（2つの語が重なる）」と呼ばれる理由です（詳細は第７章で後述します）。

他让我明天来。（彼は、私に明日来て、と言っています。）
Tā ràng wǒ míngtiān lái.

上の文では、“他让我”（彼が私にさせる）の後ろに“我明天来”（私が明日来る）が続きます。そして、主語が“他”から“我”に交代しています。
このような文を使役文と呼びます。つまり、兼語文の筆頭格が、使役文ということです。次の文を見てください。

我写给你看。（書いて見せてあげます。）
Wǒ xiě gei nǐ kàn.

“我写给你”（書いてあげる）の後ろに“你看”（あなたが見る）が続いています。主語も、“我”から“你”に交代していることがわかると思います。

## 連動と兼語のイメージ

連動と兼語の概念に馴染みがないと思う人が多いかもしれませんが、じつは、みなさんも物事を考えるときに無意識的に使っているはずです。連動文は、「彼は、新宿に行って、本を買って、ビールを飲んでから、ゲーム機を買って帰ってきました。」というように、**ひとりの一連の行動**のイメージです。一方、兼語文は、「新宿に行って、そこ（新宿）には人がたくさんいて、みなさん買い物をしています。品物が豊富です。」というように、**目に入ったものを次々と話題にするイメージ**だと思ってください。また、次のように「連動文」「兼語文」を組み合わせて話すこともよくあります。

### 連動文と兼語文が組み合わさった文

你唱个歌儿／给（我们大家）听听好吗？
連動　兼語
Nǐ chàng ge gēr gěi（wǒmen dàjiā）tīngting hǎo ma？
（歌でも歌って、みんなに聞かせてもらっていい？）

我让（他们）去 ／ 买东西 ／ 拿回家 ／ 吃。
兼語　連動　連動　連動
Wǒ ràng（tāmen）qù mǎi dōngxi náhuíjiā chī.
（彼らに食べ物を買って家に帰り、食べさせました。）

# "在"を使った存在を表す動詞文

## "在"を使う文

ここまで、「人間の行動を表す動詞文」を中心に見てきました。ここからは、**存在を表す動詞文**についてお話しします。まずは"在"を使う形を見てみましょう。**"在"には、「いる」と「ある」の両方の意味があります。**

人、モノ ＋ "在／不在" ＋ 場所
我 在 公司。（私は会社にいます。）

この文の形は「動詞＋（場所）目的語」です。"在"を使う文には、2つのタイプがあります。

1つは、**人やモノの所在の確認**です。次のように、主語は特定の人、モノでなければなりません。

**人やモノの「所在」の確認の文**

你现在在哪儿呢？（今どこにいるの？）
Nǐ xiànzài zài nǎr ne?

我在自己的房间里。（自分の部屋にいるよ。）
Wǒ zài zìjǐ de fángjiān li.

2つ目は、**人やモノが存在しているかどうかの確認**です。

この場合、主語はほぼ特定の人、モノですが、不特定の人やモノが主語になることもあります。後者の場合、たいていは情景の描写です。

### 人やモノが「存在」しているかどうかの確認の文

我的手机在桌子上吗？
Wǒ de shǒujī zài zhuōzi shang ma?
（私の携帯は机の上にある？）

对，在桌子上。
Duì, zài zhuōzi shang.
（はい。机の上にあります。）

一些鱼在水池里。（何匹かの魚が池にいます。）
Yìxiē yú zài shuǐchí li.

否定形にするときは、次のように“不在”を使います。

### “在”の否定形

李先生在家吗？ Lǐ xiānsheng zài jiā ma?（李さんは家にいますか？）
他不在家。Tā bú zài jiā.（彼は家にいません。）

## 5 場所の表し方と方位詞

「場所」の表し方には注意が必要です。日本語の場合、「お茶はテーブルにあるよ」と言いますが、中国語の場合、「テーブルの上に」まで言わなければなりません。「テーブル」と「テーブルの上」（場所（空間））を区別するのです。名詞を場所（空間）化するときは、次の方位詞を付け足します。

### 方位詞

上 shàng　下 xià　里 lǐ　外 wài　前 qián　后 hòu　左 zuǒ　右 yòu
东 dōng　南 nán　西 xī　北 běi

“日本”“上海”など、明らかに場所を表す地名などには何も付けません。
また、“便利店”“家”など、場所として理解できる語句には方位詞を付けても付けなくてもどちらでも大丈夫です。

# 「所有」を表す "有"構文

## "有"を使う文（所有）

"在"の次は、"有／没有"です。"有／没有"には複数の使い方があります（"没有"はよく"没"と略されます）。

まずは、次のような所有を表す使い方です。

人・組織　＋　"有／没有"　＋　人・モノ

この場合の"有"は、**「～を持っている」**、または**「（～には）～がいる・ある」**と訳します。

### "有"を使った所有を表す文

我有电脑。　（私はパソコンを持っています。）
Wǒ yǒu diànnǎo.

我有一个哥哥。　（私には兄がいます。）
Wǒ yǒu yí ge gēge.

我没有手机。　（私は携帯を持っていません。）
Wǒ méiyǒu shǒujī.

你下周一有没有时间？　（来週の月曜日、時間はありますか？）
Nǐ xiàzhōuyī yǒumeiyǒu shíjiān?

"我有电脑。"のように数量詞が付かない場合、一番言いたいことはパソコンを「持っている」ということです。

しかし、“我有一台电脑。”と、数量詞が付く場合は少し複雑になります。「一台」を強く発音すれば、「1台だけパソコンを持っている」という意味になります。“一”を強く発音しないで“我有一台电脑。”と言う場合は、「パソコンを持っている」という事実を述べているだけになるのです。

## “有”に「含む」の意味がある

“有”は、昔から幅広い使い方がされてきました。

例えば、“他有多高?”（彼はどれくらい背が高い？）と、形容詞の前に“有”が付く場合の“多”は「どれくらい」という意味です。“有”を付けずに“他多高?”としても、文の意味は変わりません。“有”に“一点儿”（少し）を付けて“一”を省略した“有点儿”は、「少し」という意味の副詞です。“这个有点儿贵。”で、「これはちょっと高すぎる。」という意味になります。

また、“有”には、次のように「含む」という意味もあります。

参加会议的有王军、李云等人。
Cānjiā huìyì de yǒu Wáng-Jūn、Lǐ-Yún děng rén.
（会議に参加したのは王軍、李雲などです。）

この文の“有”の意味は、次のように図解できます。

会議の参加者

有

王　軍｜李　雲｜他の人

要は、上のレベルの概念（会議の参加者）の中に、下のレベルの概念（王軍、李雲、他の人）が含まれるということです。また、述語になる人、モノは、特定でもいいという点を念頭に入れておきましょう。

この「含む」の“有”は、存在を表す“有”の使い方につながります。

# 「存在」を表す“有”構文

## “有”を使う文（存在）

“有／没有”を使って、存在を表す文をつくることもできます。“在／不在”に比べると、この使い方はやや特殊です。

場所（空間）　＋　“有／没有”　＋　人・モノ

「場所」については、“在”と同様に、モノを表す言葉の後ろに方位詞を付けます。

### “有”を使った存在を表す文

教室里有很多留学生。　（教室にたくさんの留学生がいます。）
Jiàoshì li yǒu hěn duō liúxuéshēng.

桌子上有一台电脑。　（テーブルにパソコンがあります。）
Zhuōzi shang yǒu yì tái diànnǎo.

我们店里今天没有炒饭。（私たちの店に今日はチャーハンがありません。）
Wǒmen diàn li jīntiān méiyǒu chǎofàn.

3つ目の文は、よく“没有炒饭”（チャーハンはない）と略します。“炒饭，我们店今天没有。”から“炒饭没有。”と略すこともあります。つまり、“没有炒饭。”と“炒饭没有。”は同じ意味ということです。

“有”を使う文には、大きく2種類の意味があります。

まず1つ目は、次のような**情景描写**です。

### “有”を使った情景描写の文

教室里有很多人。（教室にたくさんの人がいます。）
Jiàoshì li yǒu hěn duō rén.

この場合、言いたいことは「ある場所に何がいる、ある」かです。“有”の後ろに続くのは、数量詞が付いた不特定な人やモノです。

そして、2つ目は**存在についての確認**です。

### “有”を使った存在についての確認の文

桌子上有茶。（テーブルにお茶があるよ。）
Zhuōzi shang yǒu chá.

你别坐，沙发上有我的书。（座らないで、ソファーの上に私の本があるよ。）
Nǐ bié zuò, shāfā shang yǒu wǒ de shū.

那里没有我的行李。（そこに私の荷物はありません。）
Nàli méiyǒu wǒde xíngli.

ここで言いたいことは「いる・いない」もしくは「ある、ない」です。この場合、“有”の後ろに数量詞を付けない特定の人やモノがくることもあります。

また、“没有”を使う否定の表現では、数量詞を使いません。

### 所有と存在は同じ語順になるのはなぜ？

では“有”の文は、所有と存在についての確認の場合で、何が変わるのでしょうか。

次の文を見てください。

我们大学有图书馆。Wǒmen dàxué yǒu túshūguǎn.

我们大学里有图书馆。Wǒmen dàxué li yǒu túshūguǎn.

前者は「大学」という組織が「図書館」を備えているという意味です。これは「所有」を表します。

後者は、「大学のキャンパスの中」に図書館という建物があるという意味です。これは「存在」を表します。このように、2つの文で、ニュアンスが微妙に異なるのです。

なぜ、所有と存在は同じ語順になるのか。ここで「含む」という意味の"有"で用いた図解に当てはめて考えてみましょう。

上のレベルにあるのは"桌子上"です。

下のレベルにあるのは、"电脑、手机、书"などのモノです。つまり、"桌子上"という映像（フレーム）がモノを含む（所有する）という意識がこの構文の中に働いているため、「～"有"～」構文で所有と存在の両方を表せるということなのです。

## "在"を使う文との違い

では、存在を表す"有"の文と"在"の文は、何が違うのでしょうか。

まず、次のように語順に違いがあります。

我的茶在桌子上。

| 小さい人・モノ | ＋ | 在 | ＋ | 大きい場所（空間） |
|---|---|---|---|---|
| 我的茶 | ＋ | 在 | ＋ | 桌子上。 |

桌子上有三杯茶。

| 大きい場所（空間） | ＋ | 有 | ＋ | 小さい人・モノ |
|---|---|---|---|---|
| 桌子上 | ＋ | 有 | ＋ | 三杯茶。 |

中国語ネイティブの頭の中では、“在”を使う場合、「私のお茶」が出てから「テーブル」が浮かびます。

私のお茶 → テーブル

“有”を使う場合、「テーブルの上」という映像が出てきた後、「なにかある」と気づき、「それは3杯のお茶だ！」という流れで考えます。

テーブルの上 → 三杯のお茶

多くの場合、**「特定の人・モノ＋“在”＋場所」**と**「場所＋“有”＋不特定の人・モノ」**というように使います。上の例を見ても、「私のお茶」は「特定のお茶」で、「三杯のお茶」は不特定のお茶です。特定の人やモノは、頭の中に浮かびやすいので、文の冒頭に置かれます。反対に、不特定の人やモノは文の後半に置かれる、ということです。ただし、かならずしも「特定の人・モノ＋“在”＋場所」と「場所＋“有”＋不特定の人・モノ」という区分けになるわけではありません。“在”を使って情景を描写する場合や、“有”を使って存在を確認する場合は、「不特定の人・モノ＋“在”＋場所」と「場所＋“有”＋特定の人・モノ」ということもあります。

# 主題と説明のゆるい関係

## なぜ「主題」という概念が必要か？

ここからは、視点を述語から主語に移し、「主題＋説明」について詳しくお話しします。多くの指南書では、「主題」という概念を使わずに、「主語」という言葉のみが使われています。次の2つの文を見てください。

我看过那个电影。（私はあの映画を観たことがあります。）
Wǒ kànguo nàge diànyǐng.

那个电影看过。（あの映画は観たことがあります。）
Nàge diànyǐng kànguo.

上の例文の“我”は「主語」、つまり“看”の主体です。しかし、下の例文の“那个电影”は、“看”の主体ではありません。この“那个电影”のように、**動詞や形容詞の主体ではないものが「主題」**になります。

主題とは、話のテーマ、つまり、話題のことです。その後ろに続く「説明」とは、その主題を、“ゆるく”説明する内容になります。この“ゆるく”というのがポイントです。日本語の「私たちは何を食べようか」という文の場合、「私たち」という言葉は「食べる」という動詞の主体なので、この文は「固い」といえます。「夕飯は何を食べようかな」という文における「夕飯」は「食べる」の主体ではありません。このような「夕飯」と「食べる」の関係は、「ゆるい」ということになります。

主題と説明における、このようなゆるい関係は「場面①→場面②」という場面の移動という考え方で理解できます。

「主題」について、三大文型でもう少し具体的に見ていきましょう。

## 「主題＋形容詞文」の形は「主述述語文」？

まずは、「主題＋形容詞文」から見てみます。

**主題＋形容詞文**

主題　　説明

場面①　　場面②

大象　　鼻子　很长。Dàxiàng bízi hěn cháng.

（象は　　鼻が　長い。）

文の後半の“鼻子很长”は、普通の形容詞文です。“鼻子”は“长”の主体です。文頭の“大象”は、“很长”の主体ではないので、文の主題になります。場面の展開という視点から見てみると、“大象”は場面①、その後、場面②の“鼻子很长”が現れています。ちなみに、この構文は多くの指南書で「主述述語文」と呼ばれています。

## 主題によって話の流れが変わる

基本的に、場面は、「大きい場面①」から「小さい場面②」へ展開します。

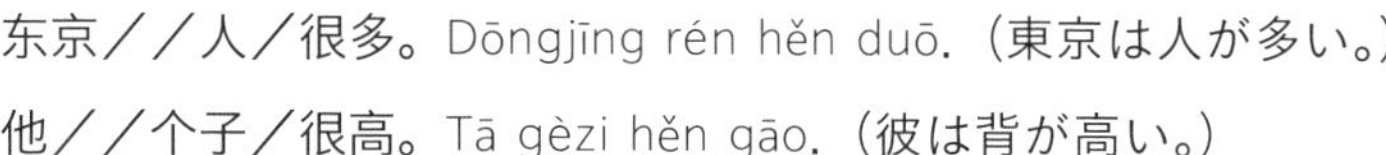
东京／／人／很多。Dōngjīng rén hěn duō.（東京は人が多い。）

他／／个子／很高。Tā gèzi hěn gāo.（彼は背が高い。）

ただし、展開の仕方によって話の流れが変わることがあります。

炒饭／／那家店／最好吃。Chǎofàn nà jiā diàn zuì hǎochī.

（チャーハンは、あの店がもっとも美味しい。）

この文の場合、“炒饭”に限定して、複数の“饭店”から美味しいのを探します。しかし、下の文の場合、“那家店”に限定して、たくさんの料理から、“炒饭”がもっとも美味しいことを述べているのです。

那家店／／炒饭／最好吃。(あの店はチャーハンがもっとも美味しい。)
Nà jiā diàn chǎofàn zuì hǎochī.

## 「主題＋動詞文」

動詞文にも、次のように「主題」がよく登場します。

| 主題 | 動詞文 |
|---|---|
| 那个电影<br>Nà ge diànyǐng | 我　看过。<br>wǒ kànguo. |

“那个电影”という主題に対して、“我看过”という説明を加えています。“那个电影”は“看”の主体ではありません。

多くの指南書では、このような文を「目的語（動作の対象）を文頭に持っていく文」と説明します。

しかし、次の2つの文を見てください。

上班／／不要迟到。(仕事に遅刻しないで。)
Shàngbān bú yào chídào.

我们早饭／／吃什么？（私たちは朝ご飯、何を食べる？）
Wǒmen zǎofàn chī shénme？

文頭の“上班”と“早饭”は、それぞれ目的語ではありません。このような文も、やはり「主題＋説明」のほうがすっきり理解できます。

## 「主題」か「主語」かによって文の意味が変わる？

「主題」という概念を用いると、文の意味をより正確に理解できるようになります。

我拍了三张照片。（私は写真を3枚撮りました。）
Wǒ pāile sān zhāng zhàopiàn.

我去年动手术了。（私は昨年手術をしました。）
Wǒ qùnián dòng shǒushù le.

上の例文には、2つの意味があります。1つは「"我" がカメラのシャッターを3回押して写真を撮った」という意味です。この "我" は "拍" の主体で、文の主語になります。もう1つは、「"我" が、カメラマンに写真を撮ってもらった」という意味です。その場合、"我" は文の主題です。"拍" の主体は、文に出てこないカメラマンなのです。

同様に、下の例文にも2つの意味があります。1つは、"我" が患者の場合です。このとき、"我" は文の主題になります。もう1つは、"我" が医者の場合です。このとき、"我" は文の主語になります。受動の表現と能動の表現は同じ語順なので、文脈で判断する必要があります。

## 主題＋"有" 構文

じつは、前述の "有" を使う文も、「主題＋説明」で理解できます。

桌子上有三杯茶。 Zhuōzi shang yǒu sān bēi chá.

| 主題 | 説明 |
|---|---|
| 場面① | 場面② |
| 桌子上 | 有三杯茶。 |

## 「主題」と「魔法の箱」

次の文のように、名詞だけでなく、名詞的語句（魔法の箱）も主題になることができます。

去图书馆／／怎么走？（図書館に行くには、どうやって行きますか？）
Qù túshūguǎn zěnme zǒu?

上の文について、日本人の学習者は、次のように言いがちです。

我要去图书馆，我怎么走？
Wǒ yào qù túshūguǎn, wǒ zěnme zǒu?
（図書館に行きたいけど、どうやって行きますか？）

この言い方はけっして間違っていないものの、ネイティブからすると、上の例文のほうがより自然です。「〜には」の前にある「図書館に行く」“去图书馆”が文の主題です。

合わせて、次の例文もチェックしておきましょう。

学汉语／／要多说。
Xué Hànyǔ yào duō shuō.
（中国を習うには、たくさん話さないといけません。）

从东京到北京／／要3个小时。
Cóng Dōngjīng dào Běijīng yào sān ge xiǎoshí.
（東京から北京までは、3時間かかります。）

**図 1-3 主題＋説明**

■ 主題＋形容詞文

主題　説明

**东京 人很多。**（東京は人が多い。）

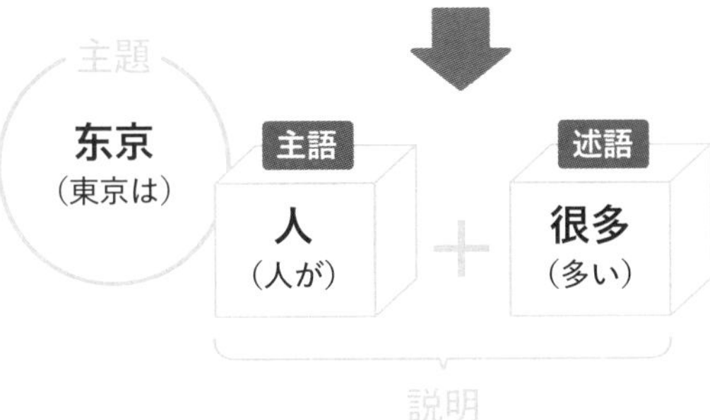


「主題（話題）」に対して「説明」を加える、と考える。

■ 主題＋動詞文

主題　説明

**那个电影 我看过。**（あの映画は、（私は）観たことがあります。）

Column

# 中国語の疑問形

## 疑問文は“吗”／“呢“で分類できる

中国語の疑問文には、形がいくつかあります。ここで、“吗・吧”と“呢”のいずれかが付く形で整理しましょう。

“吗・吧”が付く疑問文 → 1つの命題についての質問
“呢”が付く疑問文 → 複数の選択肢から答えを選ぶ質問

## “吗”系疑問形

下の例文は、文末に“吗／吧”を付ける疑問文です。

**文末に“吗／吧”を付ける疑問文**

这是你的箱子吗？（これはあなたのスーツケースですか？）
Zhè shì nǐ de xiāngzi ma?

今天人多吗？（今日は人が多いですか？）
Jīntiān rén duō ma?

你明天不去上班吧？（明日仕事に行きませんよね？）
Nǐ míngtiān bú qù shàngbān ba?

“吗”と“吧”の違いについて、“吗”は「～ですか？」と聞いていますが、“吧”には「でしょう」「だよね」という話し手の推測のニュアンスが含まれます。実際の会話では、“吗”や“吧”を付けず、語尾を上げて質問することも一般的です。

## “呢”系疑問文

“呢”を付けて、語気を和らげても大丈夫です。次の3種類の疑問文は、文末に何も付けなくても大丈夫です。1つ目は、“哪”などの疑問詞がある文です。

哪个最便宜（呢）？ Năge zuì piányi（ne）？
（どれがいちばん安いですか？）
你去哪儿（呢）？ Nĭ qù năr（ne）？（どこに行きますか？）

答えるときは、語順を変えずに疑問詞を答えに置き換えます。

那个最便宜。Nàge zuì piányi.（あれがいちばん安いです。）
我去新宿。Wŏ qù Xīnsù.（新宿に行きます。）

2つ目は、“还是”（それとも）を使う文です。

他是医生还是护士（呢）？（彼は医者、それとも看護師ですか？）
Tā shì yīshēng háishì hùshi（ne）？

你吃意大利面还是比萨饼（呢）？
（パスタ、それともピザにしますか？）
Nĭ chī Yìdàli miàn háishì bĭsàbĭng（ne）？

芒果好吃，还是草莓好吃（呢）？
（マンゴーとイチゴ、どちらが美味しい？）
Mángguŏ hăochī，háishì căoméi hăochī（ne）？

3つ目は、相反する2つを挙げて聞き手に選ばせる反復疑問文という形です。

这里是不是你的母校（呢）？Zhèli shì bu shì nǐ de mǔxiào（ne）？
（ここはあなたの母校ですか？）
那个菜好不好吃（呢）？Nà ge cài hǎobu hǎochī（ne）？
（あの料理はおいしい？）
你去不去（呢）？Nǐ qù bu qù（ne）？（行きますか？）

“好不好吃”という表現は“好吃不好吃”からきています。中国語では、四字熟語のように4文字の言葉（文）が好まれるため、“喜不喜欢？”（好きですか？）“舒不舒服？”（気持ちいい？）などの表現がよく使われます。

また、第2章で説明する「動詞＋“了”」と「“没”＋動詞」を合わせた形、「動詞＋“过”」と「“没”＋動詞＋“过”」を合わせた形もあります。

他来没来（呢）？Tā lái méi lái（ne）？（彼は来ましたか？）
他看没看过（呢）？Tā kàn méi kàn guo（ne）？
（彼は見たことがありますか？）

“呢”を付ける疑問文は、もう1つあります（この“呢”は必ず付けます）。

你呢？ Nǐ ne？（あなたは？）
那明天呢？ Nà míngtiān ne？（じゃ、明日は？）

「主語／主題～呢？」という形は、一般的に省略疑問文と言います。しかし、この構文のポイントはじつは省略ではありません。なぜなら“吗”が付く疑問文も省略できるからです。“你呢？”は、自分または第三者の言及があることが前提になります。“那明天呢？”も、「今日はだめだ」という前提が必要です。つまり、これらの疑問文は、「複数の選択肢から答えを選ぶ」という意味で、上述の“呢”の使い方と共通していると言えるのです。

# 第2章

# 「変化」で動作を表す

# 「変化」を表す“了、在、着、过”

## 時制にこだわらず、「変化」という切り口から

第２章では、「変化」という視点から助詞、副詞の“了、在、着、过”を中心に解説します。

なぜ、三大文型の次に取り上げるのが「変化」の表現なのかというと、それは、中国語に時制がないからです。**中国語には、現在形の文しかありません。過去形が存在しない**のです。

その代わりに、「変化」を表す“了”（「～になった」）がよく使われます。つまり、「変化」に敏感です。

じつは、日本語も「変化」に敏感です。例えば、「暑かった」から「もう暑くない」、「痩せた」から「太っていた」が読み取れます。時制にこだわらず、「変化」という切り口から入るのは、日本人にとっての近道です。

具体的には、まず“了”を使って判断や印象、状態の「変化」を表す方法を紹介します。

その後、「変化」で動作のさまざまな状態を表す方法を解説します。

動作の「始まり」と「完了」は「変化」としてとらえることができます。両者とも“了”で表せます。両者の間は“在”で、動作の持続（「変化」しない）は“着”で、両者を乗り越えることは“过”で表せます。

一般的に、“在”は副詞、動詞の後の“了”と“着”“过”はアスペクト助詞、文末の“了”は語気助詞として紹介されます。本書では、動詞の“了、在、着、过”がもつイメージから解説します。

また、指南書では「進行、完了、継続、経験」という言葉で“了、在、着、过”を解説することが多いのですが、本書では「変化」という1つの視点から読み解きます。

## 第2章　見取り図

### 変化を表す助詞

1 了 le
2 在 zài
3 着 zhe
4 过 guo

### 文末の“了”

1．判断、印象、状態の変化を表す“了”
2．「もう～ない」を表す“不～了”
3．変化の失敗を表す“没”

### 動作に対する“了、在、着、过”

1．もうすぐ起こることを表す“了”
2．動作の完了、状態の変化を表す“了”
3．動作と状態を１つの文で表す“了～了”
4．「変化の間」で表す“在”
5．変化を否定する“着”
6．２回の変化を表す“过”

# 2つのタイプがある離合詞

## 漢字と単語

“了、在、着、过”という4つの漢字は、それぞれ「終わる」「いる／ある」「付着」「通り過ぎる」という意味の**動詞（実詞）**です。

しかし、本章で解説する“了、在、着、过”は、動詞としての役割ではなく、**動詞（場合によって形容詞、名詞）と一緒に使う場合、つまり副詞や助詞としての役割**についてお話しします。この場合の4つの漢字の品詞は虚詞になります。このように動詞（実詞）が副詞、または助詞（虚詞）に変化することを「**虚化**」と言います。

## 2種類の離合詞

かつて、中国語の動詞の多くは1文字でした。しかし、ある時期を境に2文字の動詞が多く使われるようになりました。そのとき、新たな動詞をつくる現象が起きたのです。

2文字の動詞をつくるときは、“学习”のように似た意味の字を並べます。また、“知→知道、跑→跑步、走→走路、睡→睡觉”のように、それほど重要ではない字が足されています。この場合の2文字間のつながりはゆるいです。

中国語には、漢字で遊ぶ習慣もあります。例えば、単語の中に何かを挟んで、“你看什么书。”“你O什么K。”と言ったりします。この場合、例えば、“喜不喜欢?”にちなんで“O不OK?”とするなど、構造を優先することが重視されます。

このような経緯から、動詞と目的語などがセットになって1つの動詞の役割を担う、**離合詞**が生まれました。

日常会話では、**「動作＋対象」**と**「動作＋結果」**の2タイプの離合詞がよく使われます。

**「動作＋対象」型の離合詞の例**

跳舞　tiàowǔ（踊る）

游泳　yóuyǒng（泳ぐ）

唱歌　chànggē（歌う）

**「動作＋結果」型の離合詞の例**

看见　kànjiàn（見かける）

吃完　chīwán（食べ終わる）

找到　zhǎodào（見つける）

もともと、つながりがゆるい離合詞の間に何らかの語句が割り込んでくることもあれば、後ろの字を文章の前に持ってくることもあります。

吃了饭。　chīle fàn.（ご飯を食べた。）

睡了觉。　shuìle jiào.（寝た。）

饭吃完以后再玩儿。（ご飯が終わってから遊ぼう。）
Fàn chīwán yǐhòu zài wánr.

觉睡得好吗？　Jiào shuìde hǎo ma?（よく眠れた？）

上の“饭”や“觉”に個別の意味はありません。“吃饭”“睡觉”と言って初めて意味が生まれるのです。普通、漢字がくっついて「単語」になります。「フレーズ」は、離れて使えます。こういう意味で、離合詞は、「単語」と「フレーズ」の両方の特徴を持っている言葉と言えるでしょう。

# 「変化」で“了、在、着、过”を見る

## 中国語は「過去形」を使わない

中国語の大きな特徴として、**「過去形を使わない」**ことがあります。**過去のことも、現在のことと同じように表現する**のです。

三大文型で、それぞれの例を見てみましょう。

**過去のことについて述べた文**

**名詞文**　她去年是一名护士。(彼女は昨年看護師でした。)
Tā qùnián shì yì míng hùshi.

**形容詞文**　昨天很热。(昨日は暑かった。)
Zuótiān hěn rè.

**動詞文**　我以前很喜欢打棒球。(私は昔野球が好きでした。)
Wǒ yǐqián hěn xǐhuan dǎ bàngqiú.

**“去年”“昨天”“以前”などの時間を表す言葉から、上の3つの例文は過去のことについて述べている文であることがわかります。**過去形を使わないことは、効率的というメリットがある一方、ハイコンテクストになってしまう（文脈から判断する必要がある）というデメリットもあります。

## 「変化」で中国語を考える

では、中国語で話すときに一番大事なポイントは何かというと、「変化」です。

三大文型の文末に“了”を付けると、「判断、印象、状態などの変化」を表すことができるのです。次の文のように、**“了”があれば「変化」を表している、**と考えることができます。

她是一名医生了。（彼女は医者になった。）
Tā shì yì míng yīshēng le.

我今年20岁了。（私は今年20歳になった。）
Wǒ jīnnián èr shí suì le.

### 形容詞文の場合

天气热了。（暑くなった。）
Tiānqì rè le.

你最近瘦了。（あなたは最近痩せた。）
Nǐ zuìjìn shòu le.

### 動詞文の場合

她想学汉语了。（彼女は中国語を習いたくなった。）
Tā xiǎng xué Hànyǔ le.

我不喜欢打棒球了。（私は野球が好きじゃなくなった。）
Wǒ bù xǐhuan dǎ bàngqiú le.

例えば、みなさんが暑い日に部屋に入ったとします。このとき、日本語で「暑い」と「暑かった」のどちらのセリフを言うでしょうか。

部屋の中がそれほど涼しくない場合は、「暑い」と言うでしょう。

反対に、クーラーが効いている部屋だったとしたら、「暑かった」と言うと思います。このときの「た」という言葉に、じつは「変化」が隠れています。

中国語の場合、「暑い」は“好热!”と言いますが、「暑かった」は“现在凉快了”です。つまり、**“了”という言葉で、「暑い環境」から「涼しい環境」になったという変化を表している**ということなのです。

## 「変化」と“了、在、着、过”を使う文

次は、動作の観点から「変化」について見てみましょう。

ここで“吃”を例として図解します。

図 2-1 “了、在、着、过”の違い

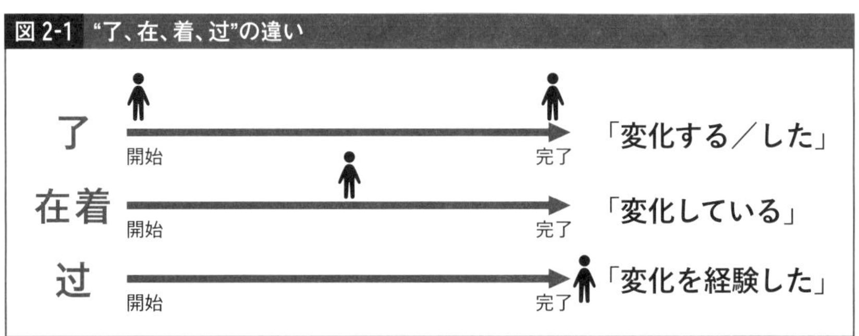


前述の通り、“了”は変化を表します。“吃”という動作には、「開始」と「完了」があります。これらは「変化」の一種なので、“了”で表します。「動詞＋“了”」の否定は「“没”＋動詞」です。ただし、「動詞＋“了”」の文に目的語が入ると複雑になります。

“在”は「いる」という意味です。“在吃”は、**食べるという動作の「開始」と「完了」の間に“いる”ことを表しています。**したがって、「食べている」という意味になるのです。否定形は“没在吃”（食べていない）です。

“着”は「付着する」という意味からきた言葉です。静止的で、変化しないイメージがあります。動作や状態の持続を表すことができます。“吃着”は、「食べている」という意味です。

もともと、“过”は「乗り越える」という意味です。つまり、**「開始」と「完了」の2回の変化を経験した**という意味を表します。“吃过”は「食べたことがある」、“没吃过”は「食べたことがない」という意味です。

このように“了、在、着、过”を使う文は「変化」（開始と完了）というフィルターを通して理解することができるのです。

## 「動作」と「状態」の両面性

「動詞＋“了”」の文に目的語が入ると、訳に2通りの解釈が発生します。

この現象について、私は少し難しい言葉ではありますが、「動作と状態の両面性」と呼んでいます。

この両面性は、日本語の否定表現を見ると理解しやすくなります。

例えば、“吃了”の和訳は「食べた」です。「食べた」の反対は、「食べなかった」と「食べていない」の2つの表現になります。

| | “吃了” | “没吃” |
|---|---|---|
| **【動作】** | 食べた | 食べなかった |
| **【状態】** | 食べた | 食べていない |

「食べなかった」は、「食べる」という「動作」をしなかったという意味ですが、「食べていない」のほうは「食事前」の「状態」を指しています。これが「動作と状態の両面性」です。

“吃了”に目的語が付くと、否定表現の理解が少し複雑になります。

| | |
|---|---|
| 我吃饭了。 | 我没吃饭。 |
| (私はご飯を食べた。) | (私はご飯を食べていない。) |
| 我吃了两个面包。 | 我没吃面包。 |
| (私はパンを2つ食べた。) | (私はパンを食べなかった。) |

「“吃”＋目的語＋“了”」の場合、**状態の変化**を表しますが、「“吃”＋“了”＋目的語」の場合、**動作の完了**を表します。つまり、“了”の位置によって動作になったり、状態になったりするのです。しかも、「動詞＋“了”～“了”」という文の形もあります。

# 文末の“了”の訳し方

## 文末の“了”=「～になった」

“了”は「変化」を表す言葉なので、**三大文型の文末に“了”が付くと、外から眺めた判断、印象、状態の変化を表す文になります。**このときの**“了”は、「～になった」「もう～」「～た」**と訳せます。

まずは、「～になった」という意味の例文を見てみましょう。

**「～になった」という意味の“了”の文**

我今年20岁了。(私は今年20歳**になった**。)
Wǒ jīnnián èr shí suì le.

孩子大了。(子供が大きく**なった**。)
Háizi dà le.

我会说汉语了。(私は中国語を話せるように**なった**。)
Wǒ huì shuō Hànyǔ le.

## “了”の3つの使い方

“了”には、「変化」の他にも、「比較表現」や、動詞の“掉”(ない/～してしまう)に近い使い方もあります(第5章で改めて解説します)。

## 文末の“了”=「もう～」

次は、“了”を「もう～」と訳す場合です。

**「もう～」という意味の“了”の文**

我今年56岁了。Wǒ jīnnián wǔ shí liù suì le.（今年**もう**56歳だ。）

好了好了。Hǎole hǎole.（**もういい**。）

我该走了。Wǒ gāi zǒu le.（**もう**帰ります。）

“好了好了。”には、「(すでに理想の状態に達したから) もういい」「(相手の話はいい加減) もういい」などのニュアンスが含まれます。

“该～了”は、「～すべき状態になった」というニュアンスです。自然な日本語に直すと、「もう～」になります。

## 形容詞の後の“了”は「～た」で訳す

次のように、形容詞の後ろに“了”を置く場合は「～た」と訳します。形容詞の変化は、動詞で表すことができます。

**「～た」という意味の“了”の文**

热了。Rè le.（熱くなった。⇒温まった。）

感冒好了。Gǎnmào hǎo le.（風邪が良くなった。⇒治った。）

电脑坏了。Diànnǎo huài le.（パソコンが悪くなった。⇒壊れた。）

「～している」という意味の形容詞の後ろに“了”がくると、「～た」という意味になります。

胖了。Pàng le.（太っているようになった。⇒太った。）

累了。Lèi le.（疲れているようになった。⇒疲れた。）

# 「“不～了”」はどういう意味？

## “不～了”＝「もう～ない」

**“不～了”は、客観的に見て「ある判断、印象、状態と反対する状態になる／なった」**という意味です。三大文型のいずれにも使えます。

まず、名詞文の場合、「～でなくなった」は**「もう～でない」**になります。

形容詞文の場合、「形容詞＋なくなった」は**「もう＋形容詞＋ない」**になります。

動詞文の「～が好きではなくなった」は「もう～が好きではない」と言い換えられるので、**「もう～ない」**に訳されることが多いです。

**「もう～ない」という意味の“不～了”の文**

他**不**是我的老师**了**。（彼は**もう**私の先生では**ありません**。）
Tā bú shì wǒ de lǎoshī le.

开了空调，现在房间里**不**热**了**。
Kāi le kōngtiáo，xiànzài fángjiān li bú rè le.
（クーラーをつけたので、部屋の中は**もう**熱く**ない**。）

他**不**喜欢打网球**了**。（彼はテニスを**もう**好きでは**なくなった**。）
Tā bù xǐhuan dǎ wǎngqiú le.

## “不～了”＝「～やめる（やめた）」

動詞文の場合、“不～了”には「これ以上～しない」の意味があります。「これから変化する」ことになるので、訳すときは、**「これから～をやめ**

る」になります。

**「これから〜をやめる」という意味の“不〜了”の文**

我以后不喝酒了。Wǒ yǐhòu bù hējiǔ le.（これからお酒をやめます。）

我不打工了。Wǒ bù dǎgōng le.（バイトをやめます。）

“不〜了”は、「すでに変化した」ことを表すこともできます。その場合、**「〜をやめた」**と訳します。

**「〜をやめた」という意味の“不〜了”の文**

我现在不喝酒了。Wǒ xiànzài bù hējiǔ le.（いまお酒をやめました。）

我现在不打工了。Wǒ xiànzài bù dǎgōng le.
（いまバイトをやめました。）

「〜をやめる」と「〜をやめた」は同じ形なので、話の流れから理解する必要があります。

## 未来の予定の“不〜了”＝「〜しないことにする（した）」

“不〜了”を未来の予定に使う場合、次のように「〜をやめた」は「〜しないことにした」、「〜をやめる」は「〜しないことにする」に言い換えることができます。

**「〜しないことにする（した）」という意味の“不〜了”の文**

我不去留学了。Wǒ bú qù liúxué le.（留学をしないことにしました。）

我想不去留学了吧。（留学をしないことにしようかな。）
Wǒ xiǎng bú qù liúxué le ba.

# “了”と“没”の関係

## “没～”のイメージ

“没～”という言葉は、“～了”とペアで使います。「変化」を表す“～了”に対して、**“没～”は「変化の失敗」を表します。**

“没～”は、形容詞と動詞の両方に付けられます。

「“没”＋形容詞」は、次のような意味になります。

「“没”＋形容詞」→「想定した変化が訪れていない」

「“没”＋形容詞」と、「形容詞＋“了”」の文を並べて、意味の違いを見てみましょう。

**「“没”＋形容詞」の文**

苹果还没红。Píngguǒ hái méi hóng.（りんごは**まだ**赤く**なっていない。**）

**「形容詞＋“了”」の文**

苹果已经红**了。**Píngguǒ yǐjīng hóng le.（りんごは**もう**赤く**なった。**）

動詞の場合は、前述の通り、次のようになります。

| 吃了 | 没吃 |
| --- | --- |
| （食べた） | （食べなかった／食べていない） |

## “了”と“没～”は、1回きりの行動にしか使えない

変化は一度しか起こらないため、**“了”は1回きりのことにしか使うことができません。**

我去年6月2号去健身房了。（昨年の6月2日にジムに行きました。）
Wǒ qùnián liùyuè èr hào qù jiànshēnfáng le.

我去年每周一次去健身房。（昨年は週に1回ジムに行きました。）
Wǒ qùnián měizhōu yí cì qù jiànshēnfáng.

同様に、“没”が使えるのも「1回きりの行動」だけです。

我昨天没吃早饭。（昨日、朝ご飯を食べなかった。）
Wǒ zuótiān méi chī zǎofàn.

我每天都不吃早饭。（私は毎日朝ごはんを食べない。）
Wǒ měitiān dōu bù chī zǎofàn.

## “不”は意志、“没”は結果

“不”は「その動作をやらない」という「意志」を表すのに対して、“没”は「現時点でその動作が行われていない」という「事実（結果）」を表します。

你不给我茶。Nǐ bù gěi wǒ chá.（お茶をくれない。）

你没给我茶。Nǐ méi gěi wǒ chá.（お茶をくれなかった。）

不付电话费。Bú fù diànhuàfèi.（電話料金を払わない。）

没付电话费。Méi fù diànhuàfèi.（電話料金を払っていない。）

# 「始まる」も"了"を使う

## 動作に対する"了"

ここまで、文末の"了"についてお話ししてきました。ここからは、動作に対する"了、在、着、过"の使い方を見てみましょう。

次の図を見てください。

**図 2-2　3つの"了"の使い方**

①「**始まる**」⇨これから変化する

②「**もうすぐ起こる**」
⇨もうすぐ変化する（要～了）

③「**し始めた**」⇨変化が始まった

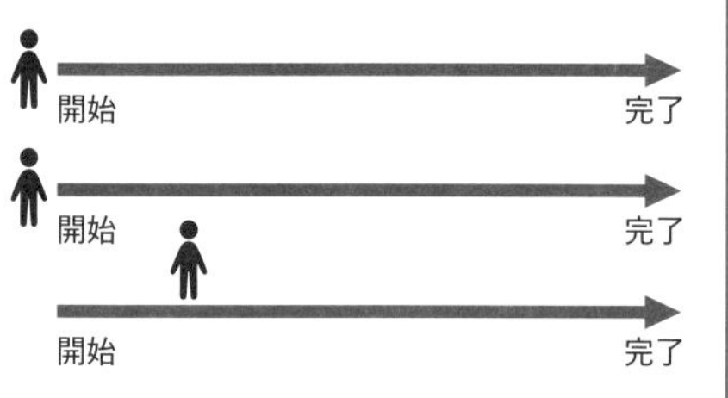

## 「始まる」も"了"を使う

「始まる」は、「これから変化する」という意味なので"了"を使います。

我走了。Wǒ zǒu le.（帰ります。）

我睡觉了。Wǒ shuìjiào le.（寝ます。）

那我买了。Nà wǒ mǎi le.（では買うよ。）

那我就不客气了。Nà wǒ jiù bú kèqi le.（では遠慮なく〈いただきます〉。）

吃饭啦。（啦＝了＋啊）Chīfàn la.（[呼びかける] ご飯だよ。）

このように、特に、自分が「これからすること」を相手に話すときに“了”を使います。日常会話でよく使われる表現です。

## “要～了”のニュアンス

**「もうすぐ起こること」**を客観的に言う場合も、**“要～了”**を使います。この表現は改めて解説しますが、未来のことに“了”を使う一例としておさえておきましょう。

**要**下雨**了**。Yào xiàyǔ le.（もうすぐ雨が降ります。）

演出就**要**开始**了**。Yǎnchū jiùyào kāishǐ le.（もうすぐ開演です。）

## 始まったけれど完了ではない“了”

「ある行動が起きたけれど、まだ終わっていない場合」も、“了”を使うことができます。

孩子睡**了**，小声点儿。（子供が寝たから、小さい声で。）
Háizi shuì le, xiǎoshēng diǎnr.

大家都吃起来**了**。Dàjiā dōu chī qǐlai le.（みんな食べ始めた。）

上の文の内容について、“在、着”で表すこともできます。

孩子**在**睡觉。Háizi zài shuìjiào.（子供が寝ています。）

孩子睡**着**呢。Háizi shuìzhe ne.（子供が寝ています。）

“了”の場合、「やっと寝付いた」、つまり「変化」というニュアンスが強いですが、“在睡觉”や“睡着”のほうは、「寝ている」という状態に重きが置かれた表現です。

# 動作と状態の両面性と“了”の場所

## 「動詞＋“了”＋目的語」という使い方

“了”は、次のように文中に出てくることもあります。

我吃了一个面包。（パンを（1つ）食べた。）
我吃了一个小时的饭。（1時間かけて食べた。）

“吃”（食べた）は動詞、“面包”（パン）は名詞です。したがって、“吃面包”で「動詞＋目的語」のフレーズになります。一方、“吃饭”は前述の「動詞＋目的語」型の離合詞です。「動詞＋目的語」型の離合詞の間に割り込んだ“了”は、文末の“了”と少し違います。

## 「状態の変化」と「動作の完了」

ある動作を見る場合、2つの視点が存在します。1つは、外から見た「客観的」な視点です。もう1つは、動作をする人の内部から「何をする・したか」という「主観的」な視点です。次の例文を見てください。

| 【肯定文】 | 【否定文】 |
| --- | --- |
| 我吃饭了。 | 我没吃饭。 |
| （食事をした。） | （食事をしなかった。／食事をしていない。） |
| 我吃了一个面包。 | 我没吃面包。 |
| （パンを食べた。） | （パンを食べなかった。／パンを食べていない。） |

“了”の場所が、2つの肯定文で異なります。また、否定文のほうは、1つの文に対して、2つの和訳があります。

再び「動作の完了」と「状態の変化」の両面性から考えてみましょう。“我吃饭了。”は「食事が済んだ」という状態を述べています。つまり、客観的な視点なので、“了”を文末に置きます。もう一方の“我吃了一个面包。”は、「パンを1つ食べた」という動作の完了を述べています。主観的な視点なので、“了”が目的語の前にきているというわけです。

## 動作の“了”はどういうときに使うのか

動詞の後に、複数の目的語、時間量、回数などがある場合、次のように“了”は目的語の前に置きます。

**我买了**蛋糕和面包。（私はケーキとパンを買いました。）
Wǒ mǎile dàngāo hé miànbāo.

我们看**了**一个电影。（私は映画を観ました。）
Wǒmen kànle yí ge diànyǐng.

我看**了**一个小时的电视。（私はテレビを1時間見ました。）
Wǒ kànle yí ge xiǎoshí de diànshì.

我去**了**4次北京。Wǒ qùle sì cì Běijīng.（北京に4回行きました。）

数字が付く場合や、物が複数あったりするなど具体的になる場合、動詞の後ろに“了”がかならず置かれます。ただ、数字などがないときにも動作の“了”を使うことがあります。一番多いのは、次のように未来のことに“了”を使うケースです。

我吃**了**饭就去学校。（ご飯を食べたら、学校に行きます。）
Wǒ chīle fàn jiù qù xuéxiào.

**到了**那里以后，我给你打电话。（そちらに着いたら、電話します。）
Dàole nàli yǐhòu，wǒ gěi nǐ dǎ diànhuà.

日本語の場合、「ご飯を食べたら学校に行く」の「〜したら」は「未来の完了」を表します。この点において、日本語と中国語の発想は同じです。次に多いのは、一定の条件付きで、動作の“了”を使うケースです。

我们吃**了**意大利面。（私たちはパスタを食べました。）
Wǒmen chīle Yìdàlì miàn.

我们一起在横滨吃**了**晚饭。（私たち一緒に横浜で夕食を食べました。）
Wǒmen yìqǐ zài Héngbīn chīle wǎnfàn.

上の文は、「他の麺」ではなく、「パスタ」と、具体的に言及しています。下の文は、“了”の前に長い状況説明があります。

## 動作の“了”と状態の“了”の違い

実際の会話において、同じ事実に対して“了”を動作と状態のどちらの役割でも使えるケースがよくあります。

どちらにするかによって、ニュアンスが少しだけ変わります。

1. 彼女は歩いて入ってきた。

【動作】她走**了**进来。Tā zǒule jìnlai.

【状態】她走进来**了**。Tā zǒu jìnlai le.

2. 彼女は本をテーブルに置いた。

【動作】她把书放在**了**桌子上。Tā bǎ shū fàngzàile zhuōzi shang.

【状態】她把书放在桌子上**了**。Tā bǎ shū fàngzài zhuōzi shang le.

基本的に、上は主体の動作として話します。劇の中の人たちの動きというイメージです。

下は話し手が見た状態として話すイメージです。フレームの外から眺めた情景とも言えるでしょう。

図 2-3 「動作」と「状態」の違い

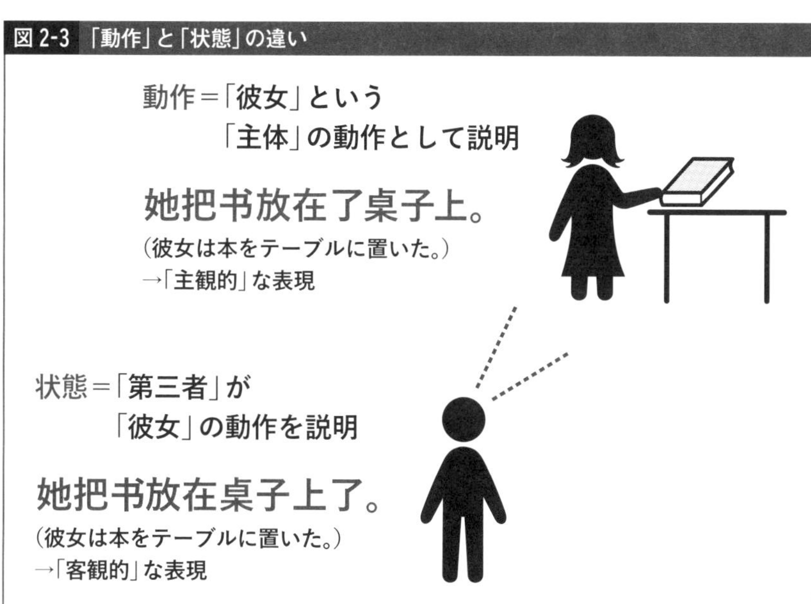

動作＝「彼女」という
「主体」の動作として説明
她把书放在了桌子上。
（彼女は本をテーブルに置いた。）
→「主観的」な表現
状態＝「第三者」が
「彼女」の動作を説明
她把书放在桌子上了。
（彼女は本をテーブルに置いた。）
→「客観的」な表現


日常会話の中で、動作と状態の両方の役割で “了” を使う場合、先にまとめた内容を「状態」の “了” で話してから、次に細かい話を「動作」の “了” で話すようにしましょう。

上个月，我去中国了。我去了上海和南京。
Shànggeyuè, wǒ qù Zhōngguó le. Wǒ qùle Shànghǎi hé Nánjīng.
（先月、私は中国に行きました。上海と南京に行きました。）

# “了～了”は「動作＋状態」

## “了～了”は「～も」と訳す

次のように、動作の“了”と、状態の“了”を1つの文の中で一緒に使うこともあります。

**你喝了5杯酒了。** Nǐ hēle wǔ bēi jiǔ le.（お酒を5杯も飲んでいます。）

“你喝了5杯酒。”は動作についての話です。この“了”は動作の“了”です。文末に状態の“了”を付けることで、「現状はこうなっている」というニュアンスを込めることができます。この文のポイントは、「5杯が多い」ことです。「“了”～“了”」で「ある時点」における数量の多さ、時間の長さ、回数の多さを強調できるのです。

**你玩了5个小时游戏了。**（あなた、5時間もゲームをやっていますよ。）
Nǐ wánle wǔ ge xiǎoshí yóuxì le.

ここで注意したいのは、文末の“了”で表すのは、「ある時点」の状態です。「ある時点」は「今」だけでなく、「以前か、将来のある時点」かもしれないことです。この点については、時間詞か文脈で判断する必要があります。

そもそも、何のために「ある時点」と関連付けるのかというと、「こういう状態だから○○しよう」ということを伝えたいからです。その気持ちは、日本語の「も」で表すことができます。

## 「〜している」にも訳せる“了〜了”

“了〜了”は「ある時点」（現在もしくは過去）の状態と関係しています。「現在のある時点」についての例から見てみましょう。

我们学了一年汉语了。（私たちは中国語を１年間勉強しています。）
Wǒmen xuéle yì nián Hànyǔ le.

この場合、**「〜している」**と訳せます。現状がこれからも続くというニュアンスが含まれます。
“了”を1つだけ使う場合は、「これからも続く可能性」もありますが、「すでに終わった」というニュアンスのほうが強くなります。

我们学了一年汉语。（私たちは中国語を１年間勉強しました。）
Wǒmen xuéle yì nián Hànyǔ.

続いて、「過去のある時点」についての例を見てみましょう。
次の文を見てください。文末の“了”は「その時点」と関連付けられていますが、「中国で暮らす」こと自体は続いていません。

当时我在中国住了10年了，我决定回国了。
Dāngshí wǒ zài Zhōngguó zhùle shí nián le，wǒ juédìng huíguó le.
（そのとき、私は中国で10年も暮らしたので、帰国しようと決めた。）

中国語の指南書の多くが、“了〜了”を使うと「動作をこれからも続ける」というニュアンスがあり、逆に“〜了”だけだと「動作がすでに終わった」というニュアンスになる、と解説していますが、上の文を見る限り、そのような図式ではとらえられないことがおわかりいただけると思います。

# 変化の間にある“在”を使う文（進行）

## “在”を使う文（進行）は2つの「変化」の間を指す

次は、「～している」という「進行」の意味を表す“在”の文についてお話しします。次のような形になります。

**名詞＋“在”＋動詞「～している」**

你**在**干什么？Nǐ zài gàn shénme?（何をしていますか？）

我**在**看电视呢。Wǒ zài kàn diànshì ne.（テレビを見ています。）

上の文は、「～をしている」という動作の進行を表しています。口語では、文末によく“呢”を付けます。否定形は、“没在”になります。

我**没在**看电视。Wǒ méi zài kàn diànshì.（テレビを見ていません。）

動作の進行とは、**開始と完了の間**のことを指します。すでにお話しした通り、中国語は過去形を使いませんので、次のように「過去の進行」と「現時点の進行」は同じ表現になります。

你昨天这个时候**在**干什么？（昨日、あのとき、何をやっていました？）
Nǐ zuótiān zhège shíhou zài gàn shénme?

那时我也**在**看电视呢。（あのときもテレビを見ていました。）
Nàshí wǒ yě zài kàn diànshì ne.

## 否定形の和訳は要注意

「“没” ＋ “在” ＋動詞」は、「～をしていない」と訳しますが、日本語の「していない」には、次のように2つの意味があります。

**我昨天没玩游戏。**（昨日、ゲームをしていなかった。）
Wǒ zuótiān méi wán yóuxì.

**妈妈进房间时，我没在玩游戏。**
Māma jìn fángjiān shí, wǒ méi zài wán yóuxì.
（お母さんが部屋に入ってきたとき、ゲームをしていなかった。）

上の文の「していなかった」は、昨日という1日における「した」の否定、下の文の「していなかった」は、ある時点の「していた」の否定です。

## 2つの“在”を一緒に使える？

「している」という意味の副詞としての “在” は、「いる、ある」の “在”（動詞）から変化したものです。「ある動作の中にいる」と解釈できます。「で」「に」を表す前置詞としての “在” も同じく動詞としての “在” から変化したものです。一緒に使う場合は、次のように1つに集約されます。

**我在公司工作呢。**（会社で仕事をしていますよ。）
Wǒ zài gōngsī gōngzuò ne.

前述の通り、中国語では、同じ漢字が違う単語や品詞に変化できます。文中の位置によって意味や品詞が変わることが頻繁に起こるのです。一方で、この “在” のように根っこではつながっている場合もあるのが、中国語の面白いところです。

# 変化を否定する“着”を使う文

## 複数の使い方がある“着”

助詞の“着”は、もともと「付着する」という意味の言葉で、「〜している」と訳します。変化に抵抗しながら「静かに」「持続する」というニュアンスがあります。“着”には、複数の使い方があるので、まずは、基本形を見てみましょう。

**名詞＋（“没”）＋動詞＋“着”「〜している」**

他看着电视呢。Tā kànzhe diànshì ne.（彼はテレビを見ています。）

我没看（着）电视。（私はテレビを見ていません。）

Wǒ méi kàn(zhe) diànshì.

口語では、文末によく“呢”を付けます。会話においては、否定形にする場合、「“没”＋動詞＋“着”」ではなく「“没”＋動詞」のほうが使われます。

## 「変化しないで」という命令の「動作＋“着”」

命令の意味の文の動詞に“着”を付けると、「現在の状態が続いて」「変わらないで」というニュアンスから**「そのままで」**という意味が生じます。

你拿。Nǐ ná.（取って。）→ 你拿着。Nǐ názhe.（持っていて。）

## 物に使う「～している」の“着”

物に対して“着”を使う場合、“着”は、**「ある状態が続いている」**という意味です。

门开着。Mén kāizhe.（ドアが開いています。）

灯关着。Dēng guānzhe.（電気が消えています。）

## 「変化」の後に残った状態を表す“着”（している、してある）

もう1つ、“着”には面白い使い方があります。

他穿着一双皮鞋。（彼は革靴を履いています。）
Tā chuānzhe yì shuāng píxié.

黑板上写着一些字。（黒板に字が少し書いてあります。）
Hēibǎn shang xiězhe yìxiē zì.

これは、“穿、写”という行動の後に、その状態が続いているということです。この使い方の意味は、次のように理解できます。

「彼は革靴を履いた」＋「革靴は体に身に着いている」

→彼は、革靴を履いている

「だれかが書いた」＋「黒板に字がある」

→黒板に字が書かれている

後半の内容は“有”を使う文に近いといえます（この構文を第5章の存現文の項目で改めて解説します）。

## 人間が「何かをしている」ことを表す“着”

最後に“着”を使って人の行動を表す使い方を紹介します。

この場合の“着”は、次のように「動きの少ない動作」に使います。

**他在沙发上坐着。**（彼はソファーに座っています。）
Tā zài shāfāshang zuòzhe.

**他在床上躺着。**（彼はベッドに寝ています。）
Tā zài chuángshang tǎngzhe.

また、“着”を使って連動文をつくることもできます。

**躺着看书对眼睛不好。**（寝て本を読むのは目に悪いです。）
Tǎngzhe kànshū duì yǎnjing bù hǎo.

**我不喜欢站着吃面条。**（立って麺を食べるのが好きではありません。）
Wǒ bù xǐhuan zhànzhe chī miàntiáo.

次の文の“唱歌”のように、「動詞＋対象」型の離合詞がある場合は、“着”が間に割り込みます。

**他们唱着歌离开了学校。**（彼らは歌いながら学校を出ました。）
Tāmen chàngzhe gē líkāi le xuéxiào.

サッカーのような激しい運動の場合でも、“着”を使うことはできます。

**孩子们踢着足球呢。**（子供たちはサッカーをしています。）
Háizimen tīzhe zúqiú ne.

## 「人間の動作」を表すときの“在”と“着”の違い

人間の動作に関する“着”の文（持続）は、“在”の文（進行）の形ととてもよく似ています。そのため、人間の動作について話す場合、“着”と“在”を一緒に使うこともできます。

他**在**打**着**电话呢。（彼は電話を掛けています。）
Tā zài dǎzhe diànhuà ne.

では、“着”と“在”は何が違うのかというと、動作をとらえるときの側面です。“在”は、ビデオカメラで動画を撮影するように動作をとらえるイメージです。一方、“着”は、カメラで一瞬を切り取るイメージで動作をとらえます。激しい運動でもカメラに収めることはできるので、「動詞＋“着”」で表すことも可能です。

**図 2-4 “在”と“着”の違い**

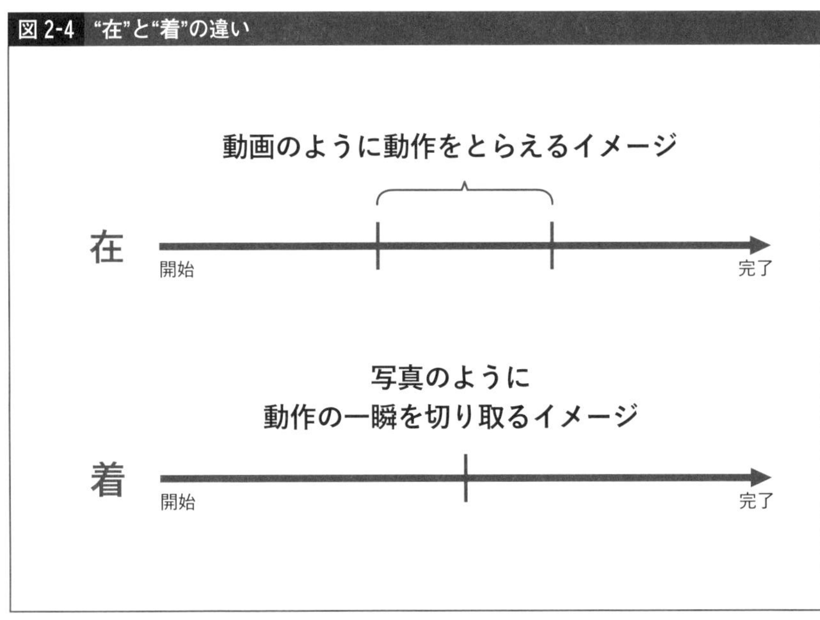

# “过”は「2回の変化」を表す

## 「～したことがある」に訳す“过”

“过”は、もともと「過ぎる」という意味の動詞で、**「～したことがある」**という意味の助詞に変化したものです。

**名詞＋動詞＋“过”「～したことがある」**

你看**过**那个电视剧吗？（あのドラマを観たことがありますか？）
Nǐ kànguo nà ge diànshìjù ma?

我看**过**那个电视剧。（あのドラマを観たことがあります。）
Wǒ kànguo nà ge diànshìjù.

“过”の否定形は、“没”を使います。

**“过”を使う文の否定形**

我**没**看**过**那个电视剧。（あのドラマを観たことがありません。）
Wǒ méi kànguo nà ge diànshìjù.

“过”は、回数を表す言葉と一緒によく使われます。

北京烤鸭我吃**过两次**。（北京ダックを**2回**食べたことがあります。）
Běijīng kǎoyā wǒ chīguo liǎngcì.

中国語の指南書の多くが、“过”について「経験を表す」と解説しています。経験とは、「行動が始まり、そして終わった」という一連の流れのことです。

つまり、“过”を「変化」というキーワードで表現するなら、**「開始」と「完了」の2回の変化を表す言葉**ということになります。

## なぜ「〜した」も“过”に訳す?

“过”は、**短い期間における行動**にも使うことができます。この場合、「〜したことがある」ではなく、**「〜した」**と訳します。

我上个月去过一次北京。(私は先月北京に行きました。)
Wǒ shànggeyuè qùguo yí cì Běijīng.

我上周刚去过那里。(私は先週そこに行ったばかりです。)
Wǒ shàngzhōu gāng qùguo nàli.

## なぜ“过”と“了”はときどき同じ、ときどき違う?

「〜した」と訳すときの“过”と“了”の違いを見てみましょう。

**“了”は開始もしくは完了の「1回の変化」を表します。**

一方、**“过”は、前述の通り「開始と完了」の2回の変化を経たことを表します。**

次の文を見てください。

**“了”=ある状態になった**

他爱上了她。Tā àishangle tā.(彼は彼女のことを好きになった。)

**“过”=ある状態が完了した**

他爱过她。Tā àiguo tā.(彼は彼女を愛していた。)

このように、“了”は「ある状態になった」こと、“过”は「ある状態を経験し、すでに完了したこと」を表しています。

また、次の2つの文のように、両方とも「〜した」という意味で“过”と“了”のどちらも使える場合もあります。

このようなときは、時間的に「遠いこと」に“过”を、「近いこと」に“了”を付けます。

**時間的に近い→了**

我上个星期去了北京。（私は先週北京に行った。）
Wǒ shàng ge xīngqī qùle Běijīng.

**時間的に遠い→过**

我去过北京。Wǒ qùguo Běijīng.（私は北京に行ったことがある。）

## 「〜した」に訳す“过〜了”

最後に、“过”を使う文の文末に“了”を付ける場合を見てみましょう。この場合は「〜した」と訳します。

前述の通り、“过〜了”には「ある状態を経験し、すでに完了したこと」、つまり、「すでに済んだこと」というニュアンスが含まれています。

**「〜した」という意味の“过〜了”の文**

晚饭吃**过了**吗？（夕飯、食べた？）
Wǎnfàn chīguo le ma?

我给他打**过**电话**了**。（もう彼に電話を掛けました。）
Wǒ gěi tā dǎguo diànhuà le.

文末の“了”は、“了〜了”の場合における状態の“了”と同じ役割です。したがって、意味は「現状は〜をしたことがある」になります。

# 文の飾り①

## 前置詞、副詞、能願動詞

# 動作の飾りの役割を果たす言葉

## 表現の幅が一気に広がる

第３章では、おもに動詞文における**前置詞**、**副詞**、**能願動詞**について、解説します。

「主題＋三大文型」の文を幹とするなら、前置詞、副詞、能願動詞は文の飾りの役割を果たします。

ここまで解説してきた「主題＋三大文型」の文だけでも、コミュニケーションをとることは可能ではありますが、前置詞や副詞、能願動詞を活用することによって、表現の幅が大きく広がり、かつ、相手に対して詳細な説明ができるようになるのです。

まず、“**在、从、到、离、给**” などの前置詞についてですが、動詞から派生している言葉が多いため、動詞の意味とセットで理解することが大切です。前置詞は、初級者がつまずきやすい箇所ではありますが、使い方の5つのポイントをおさえることで、頭の整理がしやすくなります。

次に、“**只、也、还、都**” などの副詞については、数が多いため7つのグループに分けて理解することがポイントです。

そして最後は、“**要、想、能、会、可以**” など、「〜したい」「〜できる」という意味を持つ能願動詞（助動詞）です。能願動詞についても、「可能」「願望」「その他」という3つのグループに分けて解説します。

## 第3章 見取り図

### 前置詞

1 在 zài（～に／～で）
2 从 cóng（～から）
3 到 dào（～へ／～に）
4 离 lí（～から／まで）
5 给 gěi（～のために／～に）
6 向 xiàng（～に向かう／～に）
7 对 duì（～に／～に対して）
8 跟 gēn（～と／～について）

### 前置詞の使い分け方5つのポイント

【ポイント1】「起点—経路—着点」
【ポイント2】人間が別格
【ポイント3】時系列に従う
【ポイント4】「静」と「動」を区別する
【ポイント5】「好意」と「着点」を使い分ける

### 副詞の7つのグループ

（グループ❶）範囲副詞
（グループ❷）程度副詞
（グループ❸）頻度副詞
（グループ❹）時間副詞
（グループ❺）肯定否定副詞
（グループ❻）様態副詞
（グループ❼）語気副詞

### 能願動詞

1. 願望（～したい）　要 yào　想 xiǎng
2. 可能（～できる）　能 néng　会 huì　可以 kěyǐ
3. その他　应该 yīng gāi や 必须 bìxū など

# 前置詞の全体像

## 前置詞とは？

前置詞（介詞）には、次のような単語があります。前置詞の多くは動詞から派生しているため、動詞の意味とセットで理解しましょう。

| | | | |
|---|---|---|---|
| ① 在 | zài | （～に／～で） | 【動詞の意味】いる／ある |
| ② 从 | cóng | （～から） | 【動詞の意味】従う |
| ③ 到 | dào | （～へ／～に） | 【動詞の意味】到着する |
| ④ 离 | lí | （～から／～まで） | 【動詞の意味】離れる |
| ⑤ 给 | gěi | （～のために／～に） | 【動詞の意味】あげる／くれる |
| ⑥ 向 | xiàng | （～に向かう／～に） | 【動詞の意味】向かう |
| ⑦ 对 | duì | （～に／～に対して） | 【動詞の意味】向かう／対する |
| ⑧ 跟 | gēn | （～と／～について） | 【動詞の意味】従う |

**前置詞は、**“给＋我”（私のために）のように、**フレーズ（句）の形で使います。**

前置詞で難しいのは、動詞と見分けがつきにくいことです。

次ページの上の例文を見てください。上の“给”（くれる）は動詞、下の文の“给他”（彼のために）は、前置詞フレーズです。前置詞か、それとも動詞なのかは、じつは、意見が分かれる問題でもあります。例えば、“到”、“离”は動詞で、前置詞ではないとする辞書もあります。また、動詞の後ろにある“给、在、到”は、動詞と解説される場合もよくあります。本書では、前置詞の概念問題を深く掘り下げず、使い方を中心に解説します。

**動詞の“给”を使った文**

他给了我一盒巧克力。（彼は私にチョコレートをくれた。）
Tā gěile wǒ yì hé qiǎokèlì.

**前置詞の“给”を使った文**

我给他买了一杯奶茶。（私は彼にミルクティーを買ってあげた。）
Wǒ gěi tā mǎile yì bēi nǎichá.

## 前置詞を使う文の語順は？

**「前置詞フレーズ」の場所は、下の図の通り、名詞文の場合は“是”の前、形容詞文と動詞文の場合は動詞と形容詞の前、もしくは後ろになります。**

**図 3-1 前置詞フレーズの場所**

**【名詞文】⇨“是”の前**
**她在北京就是语文老师。**（彼女は北京で国語の先生でした。）
**Tā zài Běijīng jiùshì yǔwén lǎoshī.**

**【形容詞文（形容詞の前の場合）】**
**我家离公司很近。**（私の家は会社から近いです。）
**Wǒjiā lí gōngsī hěn jìn.**

**【形容詞文（形容詞の後ろの場合）】**
**从七月热到十月。**（7月から10月までずっと暑い。）
**Cóng qīyuè rè dào shíyuè.**

**【動詞文（動詞の前の場合）】**
**我从去年开始学汉语。**（私は去年から中国語を勉強し始めました。）
**Wǒ cóng qùnián kāishǐ xué Hànyǔ.**

**【動詞文（動詞の後ろの場合）】**
**她每天睡到11点。**（彼女は毎日11時まで寝ます。）
**Tā měitiān shuì dào shíyì diǎn.**

動詞、形容詞の後ろにある“在、到、给”フレーズは、前置詞フレーズ補語になります（次章で改めて説明します）。

## 前置詞の使い分けと認知

前置詞の使い方には、5つのポイントがあります。

【ポイント①】「起点→着点」

これはもともと空間上の移動を考える図式ですが、時間の経過や人と人のやり取りもこの図式を用いて理解できます。

【ポイント②】人間が別格

右のポイント①の図の中には、「空間上の移動」と「人と人のやり取り」が含まれています。実際にどの前置詞を使うかは厳格に区別されています。しかも、ここでいう「人間」は「主体をもつ人間」を指します。他人に見られた人間、いわゆる客体としての人間は物と同じように扱われます。

【ポイント③】時系列に従う

前述の通り、中国語には「事が行われる時系列に沿って話す」という習慣があります。この点から前置詞の語順を分析できます。

【ポイント④】「静」と「動」を区別する

日本語の場合、「～に」と「～で」を使って「存在する場所（静）」と「行動する場所（動）」を使い分けています。例えば、「東京に住む」は「存在する場所」なので「に」を、「東京で働く」は「行動する場所」なので「で」を使います。中国語の場合、このような「存在する場所」と「行動する場所」の使い分けを“住在东京。”と“在东京工作。”のように、語順の違いで示すのです。また、客観的な空間や時間上の隔たりは静止的で、人間の動作の起点、着点は動きがあることです。日本語では、どちらも「から～まで」で表しますが、中国語では使い分けます。

【ポイント⑤】「好意」と「着点」を使い分ける

両者はだいたい同じ事実の中に存在しています。日本語ではどちらも「（だれ）に～する」と言います。中国語では語順で言い分けます。

**図 3-2　前置詞の使い方5つのポイント**

【ポイント❶】「起点→着点」

起点
「～から」
从

着点
「～まで」「～に」
到　在　给

【ポイント❷】人間が別格

从　到　在　离　＝  「空間・時間」に用いる

给　＝  「人」に用いる

【ポイント❸】時系列に従う

我想从神户坐船去上海。 Wo xiǎng cóng Shénhù zuò chuán qù Shànghǎi.
(私は神戸から船で上海に行きたいです。)
「①神戸から ⇨ ②船に乗って ⇨ ③上海に到着する」と、
語順は時系列にしたがう。

【ポイント❹】「静」と「動」を区別する

静（客観的な空間や時間上の隔たり）  离

動（人間の動作など） ➡ 从

【ポイント❺】「好意」と「着点」を使い分ける

「Aさん」のために「行動」  「好意」  给＋動詞

「行動」した結果、「Aさん」に届く  「着点」 ➡ 動詞＋给

# よく使う前置詞の使い分け

## 人間は別格①“寄给”と“寄到”の違い

前置詞の使い分けの一番のポイントになるのが、「人間」か、それとも「場所（空間）」か、です。例えば、「上海に送る（郵送する）。」という場合、「着点」は場所なので、“寄到上海。”と言います。

「王さんに送る。」という場合、「着点」は人間なので“寄给王小姐。”と言います。「王さんの家に郵送する。」場合は、「着点」が場所になるので、“寄到王小姐家里。”になります。

## 人間は別格②“从”で考える

“从”を使うと、空間や時間の起点を表すことができます。

【空間】 我从大阪去北京。（私は大阪から北京に行く。）
Wǒ cóng Dàbǎn qù Běijīng.

【時間】 我从明天开始早起。（明日から早起きする。）
Wǒ cóng míngtiān kāishǐ zǎoqǐ.

ただし、人間が起点になる場合は、“从”を使いません。例えば、「先生から～を聞きました」と言いたい場合、人間（老师）が起点なので“从老师”とは言いません。一般的には“我听老师说～”と言います。あるいは、“从老师那里听说的”のように“那里”（～のところ）を付けて“老师”を空間化することもできます。

## 人間は別格③人に用いる“给”

「お酒を注ぐ」と言う場合は、次のように使い分けます。

【人間】　倒给王总。（王社長に注ぎます。）
Dào gěi Wáng zǒng.

【空間】　倒在王总的杯子里。（王社長のコップに注ぎます。）
Dào zài Wáng zǒng de bēizi li.

「お酒を王さん（の体）にこぼした。」と言う場合は、“王总身上”は「肉体としての人」なので、空間になります。したがって、“酒倒在王总身上了。”と言います。

## 人間は別格④人間のやり取りに使うときの“向”

次は、人間のやり取りと、方向の関係について見てみましょう。

“向”は、方向を指す前置詞です。例えば、“向东走。”は「東へ歩きます。」となります。しかし、“向你妈妈问好！”（お母さんによろしくお伝えください！）は、人間のやり取りに使う表現です。この場合の“向”は、「言語的な動作」、例えば、“介绍、解释、说明、道谢”などと一緒に使って「（誰）に」という意味になります。これは人間のやり取りに使われます。

## 時の流れに逆らわない①「12時まで寝た」の言い方

では、「時間の流れに逆らわない」という認知を考えてみましょう。次の2つの日本語の文を見てください。

（私は今日12時まで寝ました。）
（私は東京駅まで歩きました。）

「12時」や「東京駅」は「着点」なので、次のように言います。

我今天睡到了12点。Wǒ jīntiān shuìdàole shíèr diǎn.

我走到了东京站。Wǒ zǒudàole Dōngjīng zhàn.

## 時の流れに逆らわない②“在”は「〜で」それとも「〜に」？

上と同じ認知パターンで“在”の語順を考えてみましょう。

**我在日本学汉语。**（私は日本で中国語を学ぶ。）
Wǒ zài Rìběn xué Hànyǔ.

**把东西放在那个房间里。**（荷物をあの部屋に置く。）
Bǎ dōngxi fàngzài nà ge fángjiān li.

上の例は「私が日本にいる」が先で、「勉強する」が後です。下の例は「荷物を置く」という行動が先にあり、結果的に「あの部屋にある」のです。

## 静止と「動く」の違いを意識する①“放在”と“放到”の違い

「静止と『動く』の違いを分ける」—認知上、どう違うのでしょうか。

放在桌子上。Fàngzài zhuōzi shang.（テーブルに置いて。）

**放到那个桌子上去。**（あのテーブルに置いて。）
Fàngdào nà ge zhuōzi shang qu.

上の“在”は「移動の着点」と「存在する場所」を表します。存在という意味で静止的なイメージを持ちます。一方、“到”には動いているイメージがあります。

## 静止と「動く」の違いを意識する②“从”と“离”の使い分け

“从”は「から」ですが、“离”は「から、まで」と訳されます。

静止と「動く」という認知の違いから見ると、“离”は空間と時間上のへだたりを表します。これは客観的で静止的なイメージです。

我家离公司很远。（家は会社から遠いです。）
Wǒjiā lí gōngsī hěn yuǎn.

离考试还有一个星期。（試験まではまだ1週間あります。）
Lí kǎoshì háiyǒu yí ge xīngqī.

一方、“从”は、「（どこ、いつ）から移動する、行動する」という意味です。これは動く「から」です。

## 好意と着点は違う

「人への好意を持って行動する」と「行動した結果、あの人に届く」の違いについて、次の例で考えてみます。実際、「彼に電話を掛けます」「彼に手紙を送ります」という場合、次のどちらの言い方もできます。

（彼に電話を掛けます。）

【好意】我给他打电话。Wǒ gěi tā dǎ diànhuà.

【結果】我打电话给他。Wǒ dǎ diànhuà gěi tā.

（彼に手紙を送ります。）

【好意】我给他寄一封信。Wǒ gěi tā jì yì fēng xìn.

【結果】我寄给他一封信。Wǒ jìgěi tā yì fēng xìn.

# 副詞は7つのグループに分けられる

## 副詞と語順の関係

前置詞の次は、**副詞**です。前置詞と同様、副詞も、構文の「飾り」の役割を果たす言葉です。

まず、副詞の置き場所について説明すると、基本的に、三大文型の語順自体は変わりません。ほとんどの副詞は、主語（および時間詞）の後ろ、または、“是”や形容詞、動詞の前に置きます。

| | | | “是”～ |
|---|---|---|---|
| 主語 | 時間詞 | 副詞 | 形容詞 |
| | | | 動詞 |

「例外」となるケースは、2つ。まず、一部の程度を表す副詞は動詞と形容詞の後ろに付きます。一部の語気を表す副詞も、主語の前に置かれます。

ちなみに、「動詞を修飾する言葉が副詞」とよく言われますが、次の例文にある動詞の“回家”を修飾する“高高兴兴”は形容詞です。

她高高兴兴地回家了。（彼女は楽しそうに帰宅しました。）
Tā gāogāoxìngxìng de huíjiā le.

## 7つのグループに分けられる副詞

副詞の数は、とても多いため、7つのグループに分けて理解するようにします。副詞の7つのグループを見てみましょう。中には、同じ複数のグループをまたぐ副詞もあります。

**副詞の7つのグループ**

**（グループ1）範囲副詞 “只、也、还、都”** など

**（グループ2）程度副詞 “很、真、非常”** など

**（グループ3）頻度副詞 “常常、有时”** など

**（グループ4）時間副詞 “已经、还”** など

**（グループ5）肯定否定副詞 “不、没”** など

**（グループ6）様態副詞 “突然、多、干脆”** など

**（グループ7）語気副詞 “好像、果然”** など

## 1. 範囲副詞

まず、範囲副詞は、**“只、也、还、都”** などです。**“只”** は「～だけ」という意味で、取り上げる話題の範囲を限定します。**“也、还”** は「～も」という意味で、範囲を追加します。**“都”** は「みな、すべて」という意味で全範囲を指します。このグループの副詞は、次のように、「強調する箇所」によって意味が変わります。

他**也**喜欢看足球。Tā yě xǐhuan kàn zúqiú.

【強調する部分】　【訳】

彼　→　**彼も**サッカーを見るのが好きです。

サッカー　→　彼は**サッカーも**見るのが好きです。

見る　→　彼はサッカーを**見るのも**好きです。

## 2. 程度副詞

程度副詞は、**“很、真、非常”** などです。前述の通り、おもに形容詞文や、

状態を表す動詞文に使います。一部の程度副詞は形容詞の後ろに置きます。

**最近累死了。**Zuìjìn lèi sǐle.（最近、すごく疲れています。）

**好极了。**Hǎo jíle.（すごくいい！）

## 3. 頻度副詞

頻度副詞には、**"常常"**（よく）や**"有时"**（ときどき）などがあります。形容詞文、動詞文によく使われます。他に、同じ「また」という意味を表す**"又、再、还"**があります。已然（変化した）の場合は"又"を、未然（変化する前）の場合は"再"、もしくは"还"を使います。"还"には「相変わらず」というニュアンスがあります。

他**又**买了一台电脑。（彼はパソコンを**もう**1台買いました。）
Tā yòu mǎile yìtái diànnǎo.

我**还**想再去一次云南。（私は**また**雲南に行きたいです。）
Wǒ hái xiǎng zài qù yícì Yúnnán.

## 4. 時間副詞

時間副詞とは、**"已经"**（すでに）や**"还"**（まだ）など時間の流れと関係がある副詞を指します。時間副詞は、三大文型で使われます。**"就"**は「早い」、**"才"**で「遅い」という話し手の気持ちを表します。

我8点**就**睡觉了。（私は8時に**は**寝ました。）
Wǒ bā diǎn jiù shuìjiào le.

她12点**才**睡觉。（彼女は12時に**やっと**寝ました。）
Tā shí èr diǎn cái shuìjiào.

## 5. 肯定否定副詞

肯定否定副詞は、すでに解説した“不”“没”などです。

## 6. 様態副詞

様態副詞は、“**突然**”（突然）、“**多**”（多く）、“**干脆**”（いっそのこと）などです。“多”と“干脆”は、形容詞でもあります。

今天买了很**多**菜。（今日は料理をたくさん買いました。（形容詞））
Jīntiān mǎile hěn duō cài.

大家都**多**吃一点儿。（みなさん、たくさん食べてください。）
Dàjiā dōu duō chī yìdiǎnr.

他说话很**干脆**。（彼は話すとき、きっぱりしています。（形容詞））
Tā shuōhuà hěn gāncuì.

**干脆**买个新的吧。（いっそのこと、新しいのを買いましょう。）
Gāncuì mǎi ge xīnde ba.

## 7. 語気副詞

語気副詞は、“**好像**”（のようだ）、“**果然**”（やはり）など、話し手の気持ちや判断を表します。

語気副詞は、次のように主語の前に置くこともできます。

やはり、彼はまだ知らないです。

**果然**他还不知道。Guǒrán tā hái bù zhīdào.

他**果然**还不知道。Tā guǒrán hái bù zhīdào.

なぜなら、“果然”（やはり）の主体は“他”ではなく「話し手」なので、“他”の後ろに置かなくてもいいからです。

# 「〜したい」を表す“想”と“要”

## 3つのグループに分かれる能願動詞

「〜したい」や「〜できる」という意味を持つ**能願動詞**（助動詞）は、おもに3つのグループに分かれます。

**能願動詞**

1. 願望（〜したい）　**要** yào　**想** xiǎng
2. 可能（〜できる）　**能** néng　**会** huì　**可以** kěyǐ
3. その他　**应该** yīnggāi　**必须** bìxū など

次のように、“要”“想”“会”は、後ろに名詞を置くことができます。

我**要**珍珠奶茶。Wǒ yào zhēnzhū nǎichá.（タピオカがほしい。）
我**想**你。Wǒ xiǎng nǐ.（あなたが恋しい。）
我**会**汉语。Wǒ huì Hànyǔ.（私は中国語ができる。）

また、能願動詞を動詞的な語句とそのままつなげることもできます。

我**会**说汉语。（私は中国語を話すことができる。）
Wǒ huì shuō Hànyǔ.

我**想**跟朋友一起在这里聊天。（友達と一緒にここで雑談をしたい。）
Wǒ xiǎng gēn péngyou yìqǐ zài zhèli liáotiān.

## “想”と“要”を使う文（願望）

「〜したい」という願望の“要”と、“想”を使う文から詳しく見てみましょう。まず、“要”を使う文は、次の2パターンです。

**“要”を使う文**

1. “(不) 要”＋名詞

→我要啤酒。Wǒ yào píjiǔ.（ビールがほしい。）

2. “要”＋動詞的語句

→我要喝啤酒。Wǒ yào hē píjiǔ.（ビールが飲みたい）

“要”の後ろに名詞がくると「〜がほしい」という意味で、否定の“不要”は「〜がほしくない」「〜が要らない」という意味になります。“要”の後ろに動詞がくる場合は、「〜がしたい」という意味に変わります。

続いて、“想”を使う文も、2パターンです。

**“想”を使う文**

1. “(不) 想”＋名詞

→我想家。Wǒ xiǎng jiā.（我が家が恋しい。）

2. “想”＋動詞的語句

→我想去北京。（私は北京に行きたい。）
Wǒ xiǎng qù Běijīng.

“想”の後ろに名詞がくる場合は、「恋しく思う」という意味になります。“想”の後ろに動詞がくる場合は、「〜がしたい」という意味に変わります。

“要”と“想”の後ろに名詞や動詞的な語句がくる形は、「魔法の箱」の文と同じです。

“要”と“想”は、同じ「～したい」という意味ではあるものの、**“要”にはストレートに相手に伝えるニュアンス、“想”には婉曲に相手に伝えるニュアンスがあります。**

**“要”と“想”のニュアンスの違い**

“要”→相手に自分の願望を“ストレート”に伝えるニュアンス

“想”→相手に自分の願望を“婉曲”に伝えるニュアンス

また、「～したい」という意味で“要”と“想”を使う場合、否定形には基本的に“不想”のみを使います。“不要”とは言わないので注意しましょう。

**「～したい」の否定形**

我**不想**在那里吃饭。（ここでご飯を食べたくないです。）
Wǒ bù xiǎng zài nàli chīfàn.

你**不想**休息一下吗？（少し休みたくない？）
Nǐ bù xiǎng xiūxi yíxià ma?

また、“要，(不) 想”の文に“了”を使うと、「～になった」という意味になります。

**“要，(不) 想”と“了”を一緒に使った文**

我刚才非常想吃冰淇淋，现在**不想**吃**了**。
Wǒ gāngcái fēicháng xiǎng chī bīngqílín, xiànzài bù xiǎng chī le.
（先ほどアイスクリームをとても食べたかったのですが、今は食べたくなくなりました。）

## “不要”と“了”を一緒に使う場合

“不要” を使うと、「～しないで」「～するな」という意味になります。

同じ意味の表現に “别” があります。

**“不要（别）” ＋動詞的語句＝「～しないで」「～するな」**

你**不要**告诉他。Nǐ bú yào gàosu tā.（彼に言わないで。）

你**别**担心。Nǐ bié dānxīn.（心配しないで。）

では、“不要” を “了” と一緒に使うと、どのような意味になるでしょうか。次の文を見てください。

**“不要” と “了” を一緒に使った文**

她快要哭出来了，你**不要**说**了**。
Tā kuàiyào kū chūlai le, nǐ bú yào shuō le.
（彼女は泣きそうなので、もうこれ以上言わないで。）

上の文は、「すでに話している」という「已然」のケースなので、「もうこれ以上言わないで」という意味になります。次の文を見てください。

我觉得你**不要**说那件事**了**，她听了一定不高兴。
Wǒ juéde nǐ bú yào shuō nà jiàn shì le, tā tīngle yídìng bù gāoxìng.
（あの件の話はやめましょう。彼女が聞いたらきっと機嫌が悪くなります。）

上の文は、「話す予定」という「未然」のケースなので、「予定を変更する」というニュアンスから、「あの件の話はやめましょう。」という意味になります。

# 「～できる」を表す“会、能、可以”

## 能願動詞で可能を表す

続いては、「～することができる」「～られる」という意味を持つ“**能、会、可以**”についてお話しします。

もともと、“能”は、「できる」という「可能」の意味で広く使われていました。“会”のほうは「わかる」という意味から転じて「できる」という意味で使われるようになりました。

そのため、後から可能の意味で使われるようになった“会”が、“能”の一部の役割を担うようになったと考えられます。

“可以”については、厳密には独自の使い方もありますが、初級レベルでは、“能”とほとんど同じ意味であると理解して問題ありません。

## 広く使われる“能”

“能”（できる）は、次のように、さまざまな状況で使えます。

这里**能**用现金吗？（ここでは現金が使えますか？）
Zhèlǐ néng yòng xiànjīn ma?

你今天**能**去游泳吗？（今日は泳ぎに行けますか？）
Nǐ jīntiān néng qù yóuyǒng ma?

**能**快一点吗？（少し早くできますか？）
Néng kuài yìdiǎn ma?

上の文の“这里”（ここ）は、主題です。ホテルなどの「規定によって～

できる」という意味なので、“我”（私が）を使いません。真ん中と下の例文は、身体状況などにかかわる「できる」です。

次の文のように“了”を“能”と一緒に使うと、「～できるようになった」という意味になります。“不能”は「～できない」という意味です。

我上个月不能来，从下个月开始就**能来了**。
Wǒ shànggeyuè bù néng lái, cóng xiàgeyuè kāishǐ jiù néng lái le.
（先月は来られませんでしたが、来月からは来られるようになりました。）

“没能”を使うと、“不能”よりも**「～できなかったことが残念だ」**というニュアンスがより強調されます。

我上周去旅行了，**没能**来上课。
Wǒ shàngzhōu qù lǚxíng le, méi néng lái shàngkè.
（先週は旅行に行ったので、残念ながら授業に出られませんでした。）

## 「わかる」にしぼる“会”

次の文を見てください。

我**会**游泳。Wǒ huì yóuyǒng.（私は泳げます。）

“会”も、「できる」という意味で使うことができます。

また、“能”と同様に“会”も“了”と一緒になると「～できるようになった」という意味になります。

去年我还不**会**说汉语，今年**会**说了。
Qùnián wǒ hái bú huì shuō Hànyǔ, jīnnián huì shuō le.
（昨年はまだ中国語が話せなかったが、今年は話せるようになりました。）

“领会” lǐnghuì（理解する）、“误会” wùhuì（誤解する）という言葉からもわかる通り、“会” には「わかる」という意味があります。“会” には、「会得する」というニュアンスが含まれているのです。

そのため、**能願動詞の “会” は「やり方がわかる」「コツをつかんだ」というニュアンスで「～をすることができる」という意味を表します。**

車の運転のように訓練を受けてできるようになる場合のほか、日常生活の中で自然に習得する場合や、生まれつきの能力についても、“会” を使います。要は、「どのようにコツをつかんだ」のかについては問わないということです。

她**会**开车了。Tā huì kāichē le.（彼女は運転できるようになりました。）
孩子**会**走路了。háizi huì zǒulù le.（子供が歩けるようになりました。）
鸟**会**飞。Niǎo huì fēi.（鳥は飛べます。）

## “会”と“能”の使い分け①脳・コツ

“会” と “能” の使い分け方を説明する際に、次の例がよく使われます。

我**会**开车，可是今天**不能**开车。
Wǒ huì kāichē, kěshì jīntiān bù néng kāichē.
（運転はできますが、今日は運転できません。）

前半部分の「運転できる」は「運転のやり方がわかっている」というこ

とです。そのため、“会”を使います。

では、「彼は運転できなくなった。」と言いたい場合、“会”と“能”のどちらが適切でしょうか。

「お酒を飲んだ」「事故を起こして、免許が停止になった」「事故で怪我をした」などの理由なら、“他**不能**开车了。”になります。

ただし、「怪我」というケースは要注意です。手足の怪我の場合は“能”を使いますが、脳に怪我を負った場合は、“他**不会**开车了。”です。認知症に罹り、長年運転をしていないことによって運転ができない場合は“不会”を使います。

“会”は脳の働きと関係している言葉ともいえるため、ほぼ人間に使います。モノに対して“会”を使うと、擬人化の表現と受け取られます。

一方、“能”は、モノにも人間の行動にも両方使うことができます。

## “会”と“能”の使い分け②程度・数字

“能”と“会”の使い分けのもう1つのポイントは、**程度を表せるかどうか**です。

“能”は、次のように数量などの程度を表すことができます。

你**能**喝多少酒？（お酒をどれくらい飲めますか？）
Nǐ néng hē duōshao jiǔ?

她**能**游几百米？（彼女は何百メートル泳げますか？）
Tā néng yóu jǐ bǎi mǐ?

一方、“会”は「どのレベルまで」「どれくらい」と、具体的な説明には使うことができません。“会游一百米”とは言いません。

逆に、例えば“会说汉语”には「少しだけできる」から「大変上手」までの意味が含まれています。

「中国語が話せません」と言う人に対して、中国人はよく次のようにフォローします。

我不会说汉语。Wǒ bú huì shuō Hànyǔ.（私は中国語が話せません。）

你不是在说汉语吗？（今、中国語を話しているじゃないですか。）
Nǐ bú shì zài shuō Hànyǔ ma?

時には、「レベルが低いなら“会”を、レベルが高いなら“能”を使う」という説明をされることがあるようですが、それは誤解です。中国語が高いレベルに到達している場合も、“会”を使うことができます。

したがって、“会”と“能”の使い分けのポイントは、次の2つです。

**“会”と“能”の使い分け2つのポイント**

（ポイント①）脳やコツと関係があれば“会”、それ以外は“能”

（ポイント②）数字があれば“能”、数字がなければ丁寧に考える

## “可以”と人間のやり取り

“可以”も「〜することができる」という意味で使えます。

特に、「〜していい？」と相手に許可を求めるときに、よく使われます。

前述の通り、ほとんどの場合、“可以”は“能”とほぼ同じと考えて問題ありません。

**「～できる」という意味の“可以”**

他**可以**绕着皇居跑三圈。（彼は皇居を3周ランニングできます。）
Tā kěyǐ ràozhe huángjū pǎo sānquān.

**相手に許可を求める“可以”**

这里**可以**拍照吗？（ここで写真を撮ってもいいですか？）
Zhèlǐ kěyǐ pāizhào ma?

また、「～してください」と言いたいけれど、命令のニュアンスになるのを避けたいときは、“可以”を使います。

次の2つの文は、“可以”を使うことで、相手に行動を促しています。

**相手の行動を促す“可以”**

你**可以**尝尝看。（味見してみれば。）
Nǐ kěyǐ chángchang kàn.

我们**可以**明天再谈。（明日に話しましょうか。）
Wǒmen kěyǐ míngtiān zài tán.

“可以”は、次のように、「提案する」という意味でもよく使われます。

**相手に提案する“可以”**

我觉得你们**可以**去镰仓看看。
Wǒ juéde nǐmen kěyǐ qù Liáncāng kànkan.
（鎌倉を少し見てみたらどうでしょうか。）

# “应该”と“必须”を使った文

## “应该”と道理

ここからは能願動詞の“应该”と“必须”などについてお話しします。まず、“应该”のほうですが、「道理的に」というニュアンスが含まれている言葉です。2つの意味があり、1つは「(道理からして) ～べきだ」です。一般的には、**「～したほうがよい」**と訳します。

你**应该**多运动。(もっと運動を**したほうがいいです。**)
Nǐ yīnggāi duō yùndòng.

否定形の“不应该”は「～べきでない」という意味です。

你**不应该**告诉他。(彼に言う**べきではありません。**)
Nǐ bù yīnggāi gàosu tā.

もう1つの意味は、道理に基づく「推測」を意味する「～なはずだ」です。一般的には、**「～だろう」**と訳します。場合によっては、**「私は知らないけど」という責任回避のニュアンスが含まれます。**

**应该**说这个不太贵。(これは高くないと言えるでしょう。)
Yīnggāi shuō zhège bú tài guì.

否定形は “不应该” ですが、「おかしいなぁ」というニュアンスが含まれています。

**他不应该**知道这件事吧。（彼はこの件を知っているはずがないのに。）
Tā bù yīnggāi zhīdao zhè jiàn shì ba.

“应该” を使う場合、過去か現在の事実かによって意味合いがだいぶ変わります。

**べきだ**

過去の場合→**すべきではなかった**

例：我**不应该**告诉她。（彼女に言うべきではなかった。）
Wǒ bù yīnggāi gàosu tā.

現在の場合→**すべきではない**

例：我觉得**不应该**告诉她。（彼女に言うべきではない。）
Wǒ juéde bù yīnggāi gàosu tā.

**はずだ**

過去の場合→**驚くべき事実**

例：她**不应该**那么有钱吧。（なんで彼女はそんなにお金があるの？）
Tā bù yīnggāi nàme yǒu qián ba.

現在の場合→**可能性がない**

例：她**不应该**那么有钱。（彼女はそんなにお金があるはずはないです。）
Tā bù yīnggāi nàme yǒu qián.

前述の通り、中国語には過去形がないため、文脈を読み間違えると、間違った意味で理解してしまいます。“应该” のような時制によって和訳が大きく変わる言葉には特に注意が必要です。

## “必须·要”と“不用”を使う文

“必须” は、じつは副詞ですが、“应该” とセットにしたほうが理解しやすくなるので、ここで説明します。

“必须” の意味は、「（理屈抜きに）**～しなければならない**」です。また、“要” には複数の使い方があり、次のように「～しなければならない」「～しなさい」という表現ができます。

不管怎样，你**必须**这样做。（とにかくこうしなければなりません。）
Bùguǎn zěnyàng, nǐ bìxū zhèyàng zuò.

你**要**好好学习。Nǐ yào hǎohāo xuéxí.（ちゃんと勉強しなさい。）

“必须” と上述の “要” の否定形は、ともに “不用” です。この “要” の否定形は “不要” ではないので、気をつけましょう。前にお話しした通り、“不要” の意味は「～しないで」です。“谢谢！” と言われたときには、下記の2通りの答えができます。両者でニュアンスが微妙に異なります。

**不要**谢！ Bú yào xiè！（感謝するのなんて、やめて！）
**不用**谢！ Bú yòng xiè！（感謝するのには及びません。）

## “不要、不用、不能”の違い

“不要、不用、不能” は、まとめて「禁止表現」という言葉で括られがちですが、じつは、それぞれ違うニュアンスが含まれています。

你们公司上班时要穿西装吗？
Nǐmen gōngsī shàngbān shí yào chuān xīzhuāng ma?
（あなたの会社では、仕事をするときにスーツを着なければなりませんか？）

この質問に対する答えは、次の3通りあります。

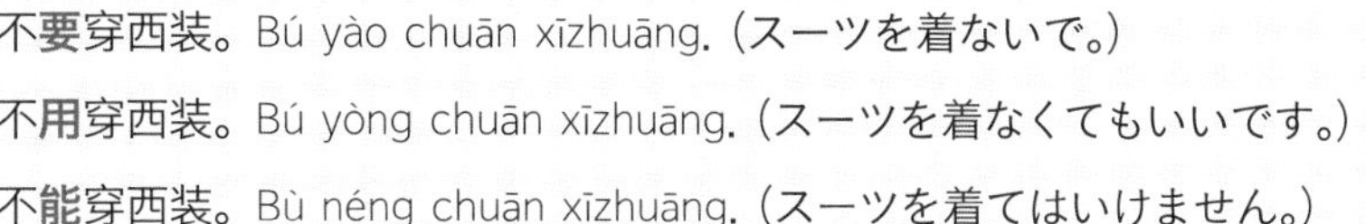

**不要**穿西装。Bú yào chuān xīzhuāng.（スーツを着ないで。）

**不用**穿西装。Bú yòng chuān xīzhuāng.（スーツを着なくてもいいです。）

**不能**穿西装。Bù néng chuān xīzhuāng.（スーツを着てはいけません。）

“不用”を使うと、**「着てきたいなら、それでもいい」**というニュアンスになります。“不要”と“不能”は、わりと近いニュアンスです。

両者の違いをもう少し深く理解するために、次の例を見てください。

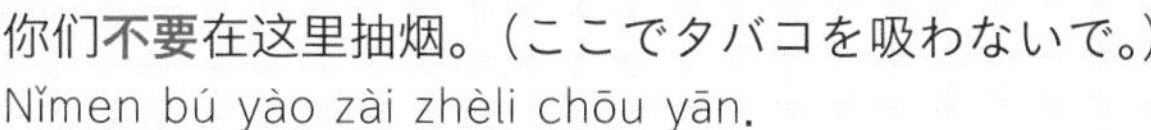

你们**不要**在这里抽烟。（ここでタバコを吸わないで。）
Nǐmen bú yào zài zhèli chōu yān.

この文について、日本人の多くが「ここでタバコを吸ってはいけない」と訳しがちです。しかし、本来「～してはいけない」は、“不能”にあたります。

「ここでタバコを吸わないで」と「ここでタバコを吸ってはいけない」は、じつは言いたいことは同じです。

しかし、前者は相手の意識に踏み込んだ表現ですが、後者は単なるルール説明のように聞こえます。日本の文化、特に社会人同士では、後者の表現のほうが好まれる傾向にあります。

そのため、日本人は“不要”を“不能”と同じように訳してしまいがちなのです。

いかがでしょうか。“不要”“不用”“不能”は、それぞれ異なるニュアンスが込められていることがおわかりいただけたと思います。

# 能願動詞を使ったさまざまな表現

## “会”のもう1つの使い方（客観）

“会”には「できる」の他に、**「～になる」**という意味もあります。「～をする」という表現には意志を感じますが、「～になる」だと、自然な流れに身を任せるというニュアンスが強調されます。このように、**“会”は、客観的な視点から物事を眺めているような雰囲気を持つ言葉**なのです。そのため、詩的な表現によくこの“会”が使われます。

また、次のように、過去のことについても“会”を使うことがあります。

**過去のことについて表した“会”の文**

我有时会想起她。（ときどき彼女のことを思い出します。）
Wǒ yǒushí huì xiǎngqǐ tā.

我们常常会一起去散步。（私たちはよく一緒に散歩します。）
Wǒmen chángcháng huì yìqǐ qù sànbù.

未来のことについては、よく“会”を使います。

**未来のことについて表した“会”の文**

你还会来看我吗？（また会いに来てくれますか？）
Nǐ hái huì lái kàn wǒ ma?

如果你不说，会怎么样？（あなたが言わなければ、どうなるかな。）
Rúguǒ nǐ bù shuō, huì zěnmeyàng?

## “要”と予定（客観）

“要”には、**「～と予定している」**という意味もあります。この“要”と「～しなければならない」の“要”は微妙に違うのです。後者には不本意な気持ちが含まれていますが、この“要”は、あくまで「～と予定している」という意味で理解したほうがよいでしょう。

**未来のことについて表した“要”の文**

我下个月**要**去上海出差。你有什么事吗？
Wǒ xiàgeyuè yào qù Shànghǎi chūchāi。Nǐ yǒu shénmeshì ma？
（来月、出張で上海に行く予定ですが、何かご用はありますか？）

つまり、未来のことについて“会”、“要”を使って表すことができます。

## 命令文

形式的な命令形がない代わりに、中国語では、“吧”や“～着”、“可以～”などで命令を表現します。

你明天来**吧**。（明日、来てください。）
Nǐ míngtiān lái ba.

你拿**着**。Nǐ názhe.（持っていて。）

你**可以**去问问老师。（先生に聞いてみれば。）
Nǐ kěyǐ qù wènwen lǎoshī.

## “要～了”を使う文、近い将来と気持ち

最後に、近い将来を語るときの“要～了”についてお話しします。

前述の通り、“了”で「始まること」を表すことができます。その場合の“了”は、一人称で、「相手に気づかせる」という意味でよく使われます。この“了”と予定の“要”を一緒にすると、使う範囲がさらに広くなります。

次のように、近い未来に起こることを予告することができます。

**近い未来に起こることを予告する“要～了”の文**

**要下雨了。**（もうすぐ雨が降ります。）
Yào xiàyǔ le.

“要～了”の前に“就”“快”を付けることもできます。

台风**就**要来了。（台風がもうすぐ来ます。）
Táifēng jiùyào lái le.

**就**要下课了。（授業はすぐ終わるよ。）
Jiùyào xià kè le.

**快**下课了。（授業はそろそろ終わります。）
Kuài xià kè le.

これらの表現には、単に「時間」を示すということよりも、「緊迫感」や「解放感」などの気持ちが隠されています。起こるまでの時間がもっと短い場合は、“快”よりも“就”を使います。“快”の後ろの“要”は省略できます。“要～了”という使い方からも、「変化」を表す“了”は豊かな表現力を持った言葉だということがおわかりいただけると思います。

# 第4章

# 文の飾り②
## 補語

# 補語は 2つのグループに分けて理解する

## 中国語の補語は、英語の補語と別物

第4章では、第3章に続いて「文の飾り」の役割を果たす言葉について解説します。

文の中で動詞と形容詞の後ろに出てきた、目的語以外の部分を**補語**と言います。英語の補語とは別物です。

補語は、全部で7種類あります。参考書などでは、これらの内容を1つずつ解説していることが多いのですが、本書では、離合詞との関係を基準に、2つのグループに分けて解説します。

離合詞は、大きく分けると“唱歌”や“跳舞”などの「動作＋対象」型と、“拿回来”や“碰倒”などの「動作＋結果（方向を含む）」型の2つがあります。

**「時間補語」「回数補語」「“得”が付く補語」「前置詞フレーズ補語」**の4種類の補語は、「動作＋対象」型の離合詞の「動詞」にあたる部分（唱、跳）の後ろに付けます。ただし、対象にあたる部分（歌、舞）を動詞の前に置くこともあります。

**「方向補語」「結果補語」「可能補語」**の3種類の補語は、「動作＋結果（方向を含む）」型の離合詞そのもので理解できます。「結果」にあたる部分（回来、倒）は補語になります。

では、さっそく、この2つのグループについて見ていきましょう。

## 第4章　見取り図

### 中国語の補語の定義

中国語の補語とは、述語（動詞や形容詞）の後ろにくる、目的語（およびその修飾語）以外の語句

補語のグループ 1

**「動作＋対象」型の「動作」の後ろにくる補語**

❶ 時間補語
❷ 回数補語
❸ "得" が付く補語
❹ 前置詞フレーズ補語

補語のグループ 2

**「動作＋結果」型の「結果」の後ろにくる補語**

❶ 方向補語
❷ 結果補語
❸ 可能補語

# 中国語と英語の「補語」は違う

## 中国語の「補語」とは

中国語の補語は、英文法の補語とは関係のない独自の概念です。

中国語の指南書では、「補語とは、述語（動詞や形容詞）に対して補足説明をする語句」と説明している場合が多いようです。この内容をもう少し厳密に言うと、「補足」している場所は、「述語の後ろ」です。

つまり、**中国語の補語とは、述語（動詞や形容詞）の後ろにくる、目的語（およびその修飾語）以外の語句**のことになります。

次の文を見てください。

| 我同学的 | 姐姐 | 昨天 | 买了 | 一条 漂亮的 | 裙子。 |
|---|---|---|---|---|---|
| ↑ | ↑ | ↑ | ↑ | ↑ | ↑ |
| **定語** | **主語** | **状語** | **述語** | **定語** | **目的語** |

（私のクラスメートのお姉さんは、昨日、きれいなスカートを買った。）

中国の中学校における国語の授業では、“主语（主語）、谓语（述語）、宾语（目的語）、定语（定語、修飾語）、状语（状語）、补语（補語）”を探しなさい、という問題がよく出ます。

日本語でも馴染みのある「主語、述語、目的語」については、特に問題がないと思います。問題は「定語、状語、補語」の3つでしょう。

まず、「定語」とは主語や目的語を修飾する言葉です。上の文の“姐姐”の前にある“我同学的”と、“裙子”の前にある“一条漂亮的”が「定語」です。次に「状語」とは、述語動詞の前にある言葉です。“昨天”のような名詞の他に、副詞や動詞を修飾する形容詞なども状語です。例えば、“他高兴地走了。”の“高兴”は形容詞です。

前ページの例文にはありませんが、「補語」は述語動詞の後ろの、定語と目的語を除いた部分です。

## 離合詞のタイプで補語を分ける

補語は、全部で7種類ありますが、「離合詞」との関係によって大きく2つのグループに分けることができます。

具体的には、「動作＋対象」型【例えば“唱歌（歌を歌う）”】と「動作＋結果」型【例えば“拿来（持ってくる）”“看完（見終わる）”】の2つです。

まず、グループ1の補語は、「動作＋対象」型の「動作」の後ろにきます。

**グループ1「動作＋対象」型の「動作」の後ろにくる補語**

**時間補語**

**回数補語**

**“得”が付く補語**

**前置詞フレーズ補語**

グループ2では、「動作＋結果」型の「結果」の部分は補語と見なされます。また「動作」と「結果」の間に“不”“得”を入れて、その可能形をつくることができます。その他に、“不”“得”が入る慣用表現としての可能補語があります。

**グループ2「動作＋結果」型の「結果」にあたる補語**

**方向補語**

**結果補語**

**可能補語**

# 時間量、回数が補語となる文

## 時間補語、回数補語とは？

時間補語と回数補語から見ていきましょう。この2つの補語を使うときは、時点と時間量について理解しておく必要があります。

**時点と時間量の違い**

**時点**　　　　　　　　　　　　**時点**

3点（3時）←――――――――――→ 9点（9時）

6个小时（6時間）

**時間量**

時点は「点」、時間量は「長さを持つ」というイメージです。

**【時点】**

2024年1月23日（号）星期五4点30分

（2024年1月23日金曜日4時30分）

**【時間量】**

| 3年 | 1个月 | 5天 | 1个星期 | 4个小时 | 30分（钟） |
|---|---|---|---|---|---|
| （3年間） | （1ヶ月） | （5日間） | （1週間） | （4時間） | （30分間） |

動作の回数については、基本的には“～次”（「～回」）で数えますが、次のような数え方もあります。

**“～次”（「～回」）以外の動作の回数の数え方**

| | |
|---|---|
| **遍** biàn | 最初から最後までの回数 |
| **趟** tàng | 行ってくる回数 |
| **顿** dùn | 食事、殴る、叱るなどの行為の回数 |
| **下** xià | 短い動作の回数 |

“下”は、回数から「ちょっと」の意味に転じて、よく“等一下”（ちょっと待って）のように使われます。時間量と回数は、「動詞」に対する説明です。したがって、**時間量と回数は、動詞の後ろによく出てきます。**

| **主語** ＋ | **動詞** ＋ | **「時間量・回数」** |
|---|---|---|
| 我 | 看了 | 一个小时。（私は1時間観た。） |
| Wǒ | kànle | yī ge xiǎoshí. |
| 我 | 去过 | 三次。（私は3回行った。） |
| Wǒ | qùguo | sān cì. |

動詞には“睡觉、游泳”のような「動作＋対象」型の離合詞があります。これらの動詞を使うときは、「動作」にあたる漢字の後ろに時間量や回数を置くようにします。

我睡了七个小时。Wǒ shuìle qī ge xiǎoshí.（私は7時間寝た。）
我游过三次。Wǒ yóuguo sān cì.（私は3回泳いだことがある。）

時点は、“我每天12点睡觉。”（私は毎日12時に寝ます。）というように、かならず動詞の前に置かれます。ひとまず、「時点は動詞の前に、時間量は動詞の後ろに」と理解しておいてください。

## 目的語などはどこに置く?

前ページの例文にある動詞の“看、去”に目的語である“电视、北京”を入れる場合や、離合詞の動作の“睡、游”に続く「対象」にあたる“觉、泳”を入れる場合、文のどこに置けばよいでしょうか。一般的には、目的語などを時間量、回数の後ろに置きます。逆に言うと、時間量、回数は動詞と目的語、または離合詞に挟まれる形です。これを**サンドイッチ型の語順**と呼びます。

我看了一个小时电视。(私はテレビを1時間見た。)
Wǒ kànle yí ge xiǎoshí diànshì.

我去过三次北京。(私は北京に3回行ったことがある。)
Wǒ qùguo sān cì Běijīng.

我睡了七个小时觉。(私は7時間寝た。)
Wǒ shuìle qī ge xiǎoshí jiào.

我游过三次泳。(私は3回泳いだことがある。)
Wǒ yóuguo sān cì yǒng.

「主題+説明」で見てみると、「主題」は動作そのものです。時間量や回数、目的語はいずれも「説明」です。普通、「時間量や回数」という説明1は、目的語という説明2より先に出てきます。ただし、2つの例外があります。1つは、目的語が“北京、上海”のような場所であれば、回数の前に持っていくことができるということです。

我去过**北京**三次。(私は北京に3回行ったことがある。)
Wǒ qùguo Běijīng sān cì.

## 人間は格別だから前に？

もう1つは、目的語が人間である場合です。第3章の前置詞の章で、「中国語の中で人間に対する扱いは別格」と説明しました。

日常会話では、よく次のような表現が使われます。

我找了你半个小时了。（あなたを30分も探していますよ。）
Wǒ zhǎole nǐ bànge xiǎoshí le.
你等我一下。Nǐ děng wǒ yíxià.（私をちょっと待ってください。）

この文の語順は、「主語」"我、你" ＋「動詞」"找、等" ＋「説明（受け手）」"你、我" ＋「説明（時間量・回数）」"半个小时、一下" となります。

ここで、"你、我" は時間量・回数より先に出てきます。まさに「人間は別格」です。次の例では、"他的手" と "他" の場所が違います。

我拍了一下他的手。Wǒ pāile yíxià tā de shǒu.
（私は彼の手を叩いた。）
我拍了他一下。Wǒ pāile tā yíxià.（私は彼を叩いた。）

「人間」には、「主体としての人間」と「見られている客体としての人間」の二面性があります。ここで言う「人間」は、前者です。次の例では、同じ「歌手が観客をひと目見た」という事実ですが、語順が異なります。

歌手看了观众一眼。Gēshǒu kànle guānzhòng yì yǎn.
歌手看了一眼观众。Gēshǒu kànle yì yǎn guānzhòng.

上の文の "观众" は、「主体としての人間」で、「歌手が観客と目で交流した」という意味です。下の文の "观众" は、「見られている客体としての人間」で、「歌手が風景を見るように観客を眺めた」という意味になります。

# 動詞＋“得”の後ろに補語が入る文

## 動詞の後にポーズをいれる“得”？

動詞の後ろに “得” が置かれる構文があります。

**「動詞＋ “得”」＋説明（おもに形容詞）**

他说得非常流利。（彼は流ちょうに話しています。）
Tā shuōde fēicháng liúlì.

她唱得太好听了。（彼女の歌はうまい。）
Tā chàngde tài hǎotīng le.

この構文も、「主題＋説明」で理解できます。

“说得、唱得” に注目してください。動詞の後ろの “得” は、リズムを取るためのポーズのようです。これが「主題」になります。その後ろに形容詞を中心とする「説明」があります。このような説明を「**様態補語**」や「**程度補語**」などと呼びます（参考書によって呼び名は異なります）。

動詞が「動作＋対象」型の離合詞である場合、「動作」にあたる動詞の後ろに “得” が付きます。

## 「名詞＋説明」と「動詞＋説明」はどう違う？

ここで形容詞文を思い出してください。

例えば、食事後に料理を褒めたいときは、“你做的菜真好吃!” と言います。“做的菜” ＋ “真好吃!” で「名詞＋説明」の形です。

一方、料理人の腕を褒めたい場合は、次のように言います。

你做得真好！Nǐ zuòde zhēn hǎo!（料理を）つくるのが上手ですね。

この場合、“做得”＋“真好”で、「動詞＋説明」の形です。

では、「名詞＋説明」と「動詞＋説明」は何が違うのでしょうか。

例えば、日本語で「彼の歌がうまい」と言う場合、名詞の「きれいな歌」よりも、動詞の「歌うのが上手」を褒めています。つまり、「うまい」と言ったら、動詞とリンクするのです。

中国語では“他唱的歌很好听。”（名詞に対する評価）と“他唱得很好。”（動詞に対する評価）は、使い分けられます。この“得”は、「のが」にあたります。

「動詞＋“得”」の後ろにくる説明は、①動作の様態、②動作の程度、③動作の結果、の3種類があります。「動詞＋“得”」の後ろに動作の結果に関する説明がくるのが、次の形です。

这个菜做得真好吃！（この料理は本当に美味しくできた！）
Zhè ge cài zuòde zhēn hǎochī!

実際の会話では、「動詞と形容詞が頭に浮かんだら、“得”でつなげる」と考えればよいでしょう。

## 目的語の場所、「場面①→場面②」の展開

では、目的語（離合詞の「対象」部分も含む）については、どこに置けばよいでしょうか。

“得”が付く文では、補語の後ろに目的語がきません。目的語が動詞の後ろに置けないなら、前しかありません。

この場合の語順はかなり自由で、次のように3パターンもあります。

你　菜　　做得很不错。Nǐ cài zuòde hěn búcuò.

你　做菜　做得很不错。Nǐ zuò cài zuòde hěn búcuò.

你的菜　　做得很不错。Nǐ de cài zuòde hěn búcuò.

第1章で紹介した「場面①→場面②」という場面転換の話を思い出してください。

「“你”＋“菜”」「“你”＋“做菜”」は、まさにそのように展開されています。

また、「“你的菜”」は、“做”の主語ではなく、文の主題です。

「主題＋説明」と「補語の語順」の考え方はつながっているのです。

最後に、離合詞の使い方も見ておきましょう。

昨天觉睡得好吗？（昨日は、よく眠れましたか？）
Zuótiān jiào shuìde hǎo ma?

你们唱歌唱得开心吗？（あなたたち、歌うのは楽しかった？）
Nǐmen chàng gē chàngde kāixīn ma?

你的车开得真好。（運転がうまいですね。）
Nǐ de chē kāide zhēn hǎo.

「対象」にあたる言葉（“觉”）が、具体的な意味を持たないことはよくあります。漢字は、1字ずつの意味にこだわらず、文全体で考えるようにしましょう。

## “得”と「変化」は無関係

ここでお話ししている“得”を使う構文には、“了、在、着、过”を付けません。

なぜなら、これらの文は動作に対する説明、判断を表しているものの、実際の行動を語ったわけではないからです。

文末に“了”を付ける場合は、「〜になる」の意味になります。

我每天起得很早，可是昨天起得很晚。
Wǒ měitiān qǐde hěn zǎo, kěshì zuótiān qǐde hěn wǎn.
(私は毎日早く起きるけれど、昨日は起きるのが遅かった。)

我每天起得很早了。
Wǒ měitiān qǐde hěn zǎo le.
(今は早く起きるようになった。)

## 時間補語・回数補語の文は、目的語をどこに置く?

ここまでで、「目的語を動詞の前に置く場合の語順感覚」は、理解できたでしょうか。

じつは、時間補語・回数補語を使う文でも、同じような使い方をすることができます。

我　学汉语　学了一年了。(私は中国語を1年間学んでいます。)
Wǒ xué Hànyǔ xuéle yì nián le.

我　汉语　学了一年了。(私は中国語を1年間学んでいます。)
Wǒ Hànyǔ xuéle yì nián le.

你的汉语　说得太好了。(あなたは中国語を話すのがとても上手です。)
Nǐ de Hànyǔ shuōde tài hǎo le.

補語を使うと、語順のパターンが多くなります。ただし、ニュアンスの違いはそれほどありません。

ネイティブも、習慣によって語順を選んで使っているだけなので、どれにすればよいかと、心配する必要はないでしょう。

# 形容詞の後ろに“得”が入る文

## 形容詞の後にもポーズ（“得”）も入れる

形容詞の後ろに“得”が入ることもあります。この場合、“得”の後ろに説明がきます。これは（形容詞文における）**程度補語**と言います。

**形容詞の後ろに“得”が入る文**

这个房间便宜得多。（この部屋はずっと安い。）
Zhè ge fángjiān piányi de duō.

我今天累得要命。（今日は死ぬほど疲れています。）
Wǒ jīntiān lèi de yàomìng.

次のように、説明を少し長くすることもできます。

墙壁白得像雪一样。（壁は雪のように白い。）
Qiángbì bái de xiàng xuě yíyàng.

他高兴得跳了起来。（彼は飛び上がるほど嬉しかった。）
Tā gāoxìng de tiàole qǐlai.

## 形容詞の後にポーズ（“得”）を入れなくてもOK

形容詞の場合、“得”ではなく、“极了”や“死了”、“要命”などの程度を表す副詞を付けることができます。

这个菜好吃**极了**。Zhè ge cài hǎochī jíle.
(この料理はすごくおいしい。)

我饿**死了**。Wǒ è sǐle.(お腹がとてもすいた。)

## 時間量・回数に対して動作が説明になる?

P151で、時間量・時間を動詞の後ろに置くという話をしました。誤解のないように言うと、「時間量・回数を動詞の前に置く文」も存在します。「時間量・回数」に対して、「動作」という説明を付け足す文です。

我一个小时学中文，一个小时看电视。
Wǒ yí ge xiǎoshí xué Zhōngwén, yí ge xiǎoshí kàn diànshì.
(私は1時間中国語を勉強し、1時間テレビを見ます。)

この文は、スケジュールを話すときによく使われます。

我每周一次去教室学汉语。(私は週1回中国語を勉強しに教室に行く。)
Wǒ měizhōu yí cì qù jiàoshì xué Hànyǔ.

また、否定形の文も、よくこの語順で話します。

我一个月没喝啤酒了。
Wǒ yí ge yuè méi hē píjiǔ le.
(1ヶ月ビールを飲んでいない。→ビールを飲むのは1ヶ月ぶりだ。)

そもそもビールを飲んではいないので、「1ヶ月」のほうを先に言う点については、すんなりと納得できるでしょう。

# 動詞の後ろに「前置詞フレーズ」がくる文

## 動詞の後ろに前置詞フレーズがくる

動詞の後ろに前置詞フレーズ（句）がくることを**前置詞フレーズ補語**と呼びます。

次の文を見てください。

我住**在**日本。（私は日本に住んでいます。）
Wǒ zhùzai Rìběn.

この文は、動詞の後ろの “在” のような言葉を動詞としたうえで、“住在” を「動詞＋結果補語」と見なす、という解説をされる場合が多いようです。

しかし、“住在” は、単独で使うことができません。かならず “她住在日本。” のように言います。

したがって、本書では、この場合の “在” は、普通の動詞ではなく、「前置詞フレーズ補語」の一部とします。じつは、この使い方は第3章ですでに紹介しました。

また、「動詞＋ “到、在”」を使う場合、よく「“把” ＋対象」が動詞の前にきます（“把” 構文は、第７章で解説します）。

他把电脑放到别的房间去了。（彼はパソコンを別の部屋に置きました。）
Tā bǎ diànnǎo fàngdào bié de fángjiān qu le.

## 前置詞フレーズ補語がある文“向、往”

一部の方向を表す前置詞は、動詞の後ろに置くことができます。

这是开往北京的列车。（これは北京行きの列車です。）
Zhè shì kāiwǎng Běijīng de lièchē.

燕子飞向蓝天。（燕が青空に向かって飛んでいきます。）
Yànzi fēixiàng lántiān.

“往”は「ある点」に、“向”は「ある面」に向かうというイメージの違いがありますが、いずれも**「動作の着点に向かう」**という意味です。

## 前置詞フレーズ補語がある文“自、于”

また、古い中国語によく登場する言葉として、“自”と“于”があります。“自”の意味は“从”（から）と、ほぼ同じです。

しかし、動詞の前に置く“从”フレーズと異なり、“自”フレーズのほうは動詞の後ろに置きます。

她是一位来自美国的留学生。（彼女はアメリカからの留学生です。）
Tā shì yí wèi láizì Měiguó de liúxuéshēng.

“于”にはさまざまな使い方がありますが、ここでは「より」という意味で使う場合を紹介します。

5加4大于8。Wǔ jiā sì dàyú bā.（5足す4は8より大きい。）

# 方向補語がある文と「動作＋方向」型の離合詞

## 方向補語と「動作＋方向」型の離合詞

ここからは、「動作＋結果」型の「結果」にあたる補語グループ2について解説します。

まずは、**方向補語**です。次の文を見てください。

他跑进来了。（彼は走って入ってきた。）
Tā pǎojìnlai le.

他拿来一个杯子。（彼はコップを1つ持ってきた。）
Tā nálai yíge bēizi.

“跑进来”と“拿来”に、注目してください。2つの側面から、これらの言葉を分析することができます。

単語として考えると、これは「動作＋方向」の形です。広く見れば「動作＋結果」型の離合詞と言えます。

| 動作 | 方向（結果） |
|---|---|
| 跑 | 进来 |
| 拿 | 来 |

文を分析すると、“跑・拿”は述語動詞です。その後ろの“进来”、“来”は、述語に対して補足説明をする補語です。1文字の“来”は単純方向補語ですが、2文字の“进来”は複合方向補語です。

## 空間認識に沿って方向補語を覚える

方向補語は、空間認識の仕方に沿って覚えることをオススメします。

話す人のほうに近づいてくるのが“来”、離れていくのが“去”です。

つまり、“来”と“去”は、話す人の視点と関係しているのです。

この点から、上下、内外で分類できます。

まず、「来る―行く」です。“过来”と“来”、“过去”と“去”は、ほとんど同じと考えましょう。

**図 4-1　方向補語のイメージ**

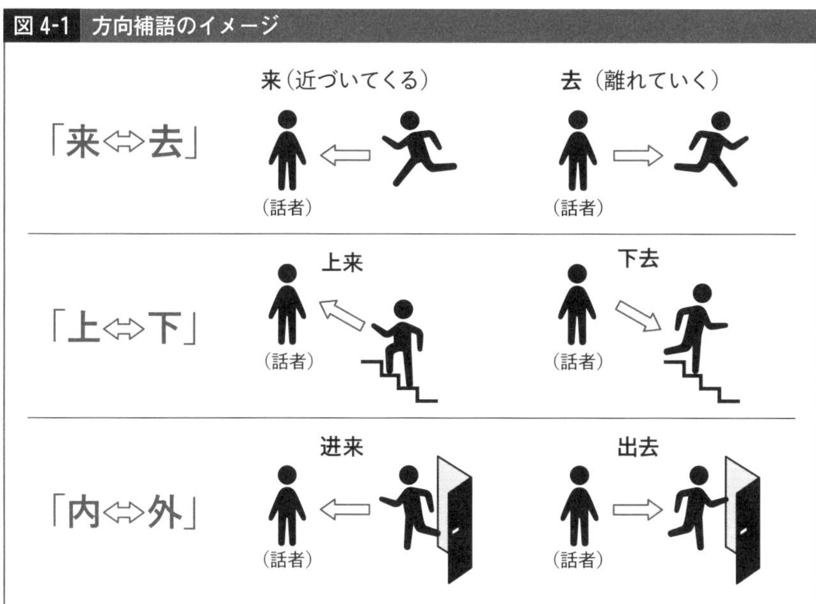


これらは、単独でも使えますが、“走（歩く）、跑（走る）、飞（飛ぶ）、跳（跳ねる）”のような自動詞、“拿（持つ）、搬（運ぶ）、投（投げる）、开（運転する）”のような他動詞と組み合わせることもできます。

ただし、この4つの認知パターンをけっして混ぜて使わないようにしましょう。例えば、2階にいるAさんが、1階にいるBさんに「荷物を持って来て」と頼む場合、事実を抽出すると、部屋に入って（进来）、2階に上がる（上来）となります。この場合、次の中から、1つを選んで表現するしかありません。

你把东西拿进来。（荷物を中に持ってきて。）
Nǐ bǎ dōngxi ná jìnlai.

你把东西拿上来。（荷物を上に持ってきて。）
Nǐ bǎ dōngxi ná shànglai.

你把东西拿过来。（荷物を持ってきて。）
Nǐ bǎ dōngxi ná guòlai.

你把东西拿到2楼来。（荷物を2階まで持ってきて。）
Nǐ bǎ dōngxi nádào èr lóu lai.

一番下の文は、方向でなく、2階という目的地を意識した言い方です。

## 動作の対象や通過する場所をどこに置くか？

「他動詞＋方向補語」の場合、動作の対象はどこに置けばよいでしょうか。この場合、“把”（～を）を使います。

他**把**椅子拿进来了。Tā bǎ yǐzi ná jìnlai le.
（彼は椅子を中に持ってきた。）

また、「通過する場所」があれば、複合方向補語の間に挟みます。

他跑**出**房间**去**了。（彼は部屋の外に走っていった。）
Tā pǎo chū fángjiān qu le.

他把电脑拿**出**教室**去**了。（彼はパソコンを教室の外に持っていった。）
モノ　場所
Tā bǎ diànnǎo náchū jiàoshì qù le.

次のように、動作の対象を複合方向補語の間に挟む使い方もあります。

彼は1冊の本を取り出した。

他拿出一本书来。Tā náchū yì běn shū lai.

他拿出来一本书。Tā ná chūlai yì běn shū.

他拿出了一本书来。Tā náchū le yì běn shū lai.

これらの語順は、中国語ネイティブでも地域や年齢、個人差があります。

## “来”と“去”は話す人の視点を表す

日本語と比べると、中国語はよく“来、去”を入れて話します。

坐下**来**好吗？ Zuò xiálai hǎoma？（座っていい？）

他回**去**了。Tā huíqu le.（彼は帰った。）

“来”と“去”は、「来る」と「行く」という意味で考えてもわからない場合があります。

例えば、「座ってもらっていい？」と言う場合、次のように2つの言い方があるのです。

【話す人が座っている場合】“你坐下**来**好吗？” Nǐ zuò xiálai hǎoma？

【話す人が立っている場合】“你坐下**去**好吗？” Nǐ zuò xiáqu hǎoma？

この“来”と“去”の違いは、話す人の目線にあります。

“来”は「自分のほうに近づく」、“去”は「自分から離れる」ということです。

また、中国語には「相手の視点に立って話す」という習慣があります。

相手が目の前にいる場合、基本的に相手の視点に立って話します。例えば、「本を取って」と頼まれれば、“我马上拿来。Wǒ mǎshàng nálai.”

（直訳：すぐ持ってくる。）と言います。

電話の場合、相手と親しければ、次のように言います。

我明天10点来你房间。（明日の10時にあなたの部屋に行きます。）
Wǒ míngtiān shídiǎn lái nǐ fángjiān.

それほどの間柄でなければ、次のように言う人もいます。

我明天10点去你房间。Wǒ míngtiān shídiǎn qù nǐ fángjiān.
（明日の10時にあなたの部屋に行きます。）

## 喩えとして使う方向補語

中国語に限らず、どの言語でも「喩え」は、大きな役割を果たします。特に方向表現に基づいた喩えは、どの言語にもたくさん存在します。

簡単な例を挙げましょう。

動詞の"上"には「向かっていく」「かかれ」という意味があります。そのため、"关上门（ドアを閉める）""合上书（本を閉じる）"の"上"は「くっつける」という意味になります。

"爱上（好きになる）、喜欢上（好きになる）、迷上（夢中になる）"の"上"にも、相手にアプローチするというイメージがあります。

"動詞＋出来"の"出来"は、「形が出来上がる」という意味です。

这是画出来的，那是拍出来的。
Zhè shì huà chūlai de，nà shì pāi chūlai de.
（これは描いたのです。あれは写真で撮ったのです。）

「形になる」ことは、「特定する」ことでもあるので、次のような表現ができます。

他的太太看出来了。（彼の奥さんがそれを見破りました。）
Tā de tàitai kàn chūlai le.

我吃出来了，这是牛肉丸子。（食べてわかった。これは牛肉の団子だ。）
Wǒ chī chūlai le, zhè shì niúròu wánzi.

他にも、“想出来”は、「思いついた」という意味になります。

# 結果補語がある文と「動作+結果」型の離合詞

## 結果補語と「動作+結果」型の離合詞

続いて、グループ2の結果補語です。

我学会了汉语。（私は中国語をマスターしました。）
Wǒ xuéhuìle Hànyǔ.

“学会”とは、「勉強してできる」という意味です。単語として考えると、「動作+結果」型の離合詞です。文で見ると、“学”は動詞述語、“会”は結果補語です。

## 結果離合詞のつくり方

このタイプの離合詞は、おもに3種類です。

1つ目は、**主体の動作と対象の結果**を表します。

例えば、次の2つの事実があります。

我推书架。Wǒ tuī shūjià.（私は本棚を押した。）

书架倒了。Shūjià dǎole.（本棚が倒れた。）

この2文は、1文にすることができます。

まず、“推倒”（押し倒す）という動詞をつくります。

そして、次のように言います。

我推倒了书架。Wǒ tuīdǎole shūjià.（私は本棚を押し倒した。）

“推倒” は、主体の動作（推）と対象の結果（倒）を表します。

2つ目は、主体の動作と主体の結果を表します。このパターンは数が少ないわりに、理解しにくいものが多くあります。

我看见了他。Wǒ kànjiànle tā.（私は彼を見かけました。）

“看见” は、主体の動作（看）と主体の結果（见＝感じ取った）を表します。

3番目は、主体の動作は不明確ではあるものの、対象の結果を表します。例えば、「壊す」という中国語はないので、次のように2つの事実として考えましょう。

他弄了我的电脑。（彼は私のパソコンに何かをした。）
Tā nòngle wǒ de diànnǎo.

我的电脑坏了。（私のパソコンが壊れた。）
Wǒ de diànnǎo huàile.

そして、上の2つの文を次のように1つにします。

他弄坏了我的电脑。（彼は私のパソコンを壊した。）
Tā nònghuàile wǒ de diànnǎo.

“弄” は「する」という意味です。この文は主体の動作をはっきりと言わず、対象の結果を表します。

## 結果補語があるとき、語順はどうなるか？

結果補語があるとき、動作の主体はつねに動詞の前になります。

動作の対象の場所については、少し複雑です。

まずは動詞の後ろに置く場合を見てみましょう。

“我推倒了书架。” という文をもう一度使います。

我推倒了书架。Wǒ tuīdǎole shūjià.（私は本棚を押し倒した。）

この場合、“书架” は “倒”（倒れる）の主体にもかかわらず “倒” の後ろにあります。

「“把” ＋対象」の形で、動詞の前に置くこともできます。“把” は「〜を」になります。詳しくはP196で改めて説明します。

我把书架推倒了。Wǒ bǎ shūjià tuīdǎole.

最後に、“我” が登場しない言い方もあります。

书架推倒了。shūjià tuīdǎole.

これは「主題＋説明」として理解できます。

## 結果補語と自動詞・他動詞、そして主題・主語の関係

結果補語がある場合、日本語の自動詞・他動詞の両方を使って訳すことができます。

例えば、次のように “找” は「探す」ですが、“找到了” は「見つかった（自）・見つけた（他）」に訳せます。

我找到了书。Wǒ zhǎodàole shū.（私は本を見つけた。）

书找到了。Shū zhǎodào le.（本が見つかった。）

我没找到书。Wǒ méi zhǎodào shū.（私は本を見つけられなかった。）

书没找到。Shū méi zhǎodào.（本は見つからなかった。）

一番上の文の“我”は、動詞“找”の主体で、主語です。この文は、人間の動きに注目しています。

しかし、2番目の文の場合、“书”は動詞“找”の主体ではありません。“书”は主題です。そして、“找到了”は説明です。これは本の行方に注目した表現です。

## 動作と結果の違いに気を付けよう

日本語の場合、「動作」と「動作の結果」をあまり区別しません。

例えば、日本語で「私の携帯を見た？」と言うとき、厳密には、「見た」には次の2つの意味が含まれています。

1. 私の携帯をのぞき見した？
2. 私の携帯を見かけた？

１の「見た」は動作を表し、２の「見た」は、「目に入った」という意味で、「動作の結果」を表します。日本人のみなさんは、日常会話の中において、この2つのどちらの意味であるかを場面や文脈から判断しているのです。

一方、中国語では“看了。”（動作の「見た」）と、“看见了。”（結果の「見かけた」）を明確に使い分けます。

1. 你看了我的手机吗？　Nǐ kànle wǒ de shǒujī ma?
2. 你看见了我的手机吗？　Nǐ kànjiànle wǒ de shǒujī ma?

# 方向補語・結果補語の可能形と可能補語

## なぜ“不”と“得”が割り込むと可能表現になる？

前項で、方向補語と結果補語、つまり、「動作＋方向・結果」型の離合詞についてお話ししました。

離合詞の間に “不” を入れると、次のように「不可能」の意味を表すことができます。

**離合詞の間に“不”を入れる文→「不可能」という意味**

拿不来。ná bu lái.（持ってこられない。）

听不懂。tīng bu dǒng.（聞いてもわからない。）→聞き取れない

これを “拿”（持つ）、“听”（聞く）という「主題」に対して、将来に “不来（来ない）、不懂（わからない）” と説明を加える表現と考えてみましょう。結果的に、「不可能だ」という意味になります。これを「**方向補語や結果補語の可能形（の否定形）**」と言います。

可能表現といえば、“不能” を使う方法もあります。ただし、“不能” を使うと、「持って来てはいけない」「聞いてわかってはいけない」と、ネイティブに理解される可能性が高くなります。

不能拿来。Bù néng nálai.（持って来てはいけない。）

不能听懂。Bù néng tīngdǒng.（聞いてわかってはいけない。）

そのため、「○“不”○」の表現を使ったほうが無難でしょう。以上が「不可能」についての説明になります。

次に、「可能」についてお話しします。

なぜ「不可能」の表現を先に説明したかというと、実際の会話の中では、このタイプの**可能表現よりも不可能の表現のほうがよく使われる**からです。歴史的にも、可能表現より「○“不”○」が先に使われていました。時代が下ってから、次の「○“得”○」が登場したのです。

**離合詞の間に“得”を入れる文**

拿得来。ná de lái.（持ってこられる。）

听得懂。tīng de dǒng.（聞き取れる。）

正確には、上の文は、それぞれ「持ってこられなくはない」「聞き取れなくはない」という意味になります。ただ、通常は「持ってこられる」「聞き取れる」という意味で使って問題ありません。

## 結果と可能の違いは「一（点）」か「多（線）」かで理解する

では、「結果補語」と「その可能形」の違いについて見てみましょう。

例えば、“听懂了、没听懂”は「聞き取れた／聞き取れなかった」です。対して、“听得懂、听不懂”は「聞き取れる／聞き取れない」です。これは過去形（た）と、現在形（る）の違いのように見えますが、じつは「一（点）と多（線）」の違いです。

次ページの図を見てください。

“听懂了（聞き取れた）、没听懂（聞き取れなかった）”は、「ある時点の結果」を表します。これを「一（点）」に関する表現と理解できます。

“听得懂（聞き取れる）、听不懂（聞き取れない）”は、現在から将来のある時点に向かっています。これは「多（線）」に関する表現です。

図 4-2 「結果」と「可能」の違い

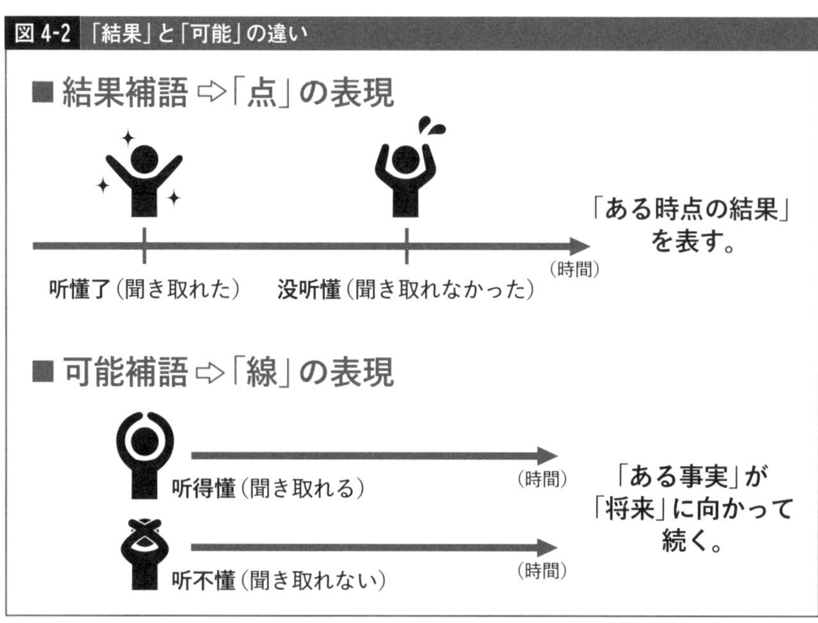
■結果補語 ⇨「点」の表現
「ある時点の結果」を表す。
(時間)
听懂了(聞き取れた)
没听懂(聞き取れなかった)
■可能補語 ⇨「線」の表現
听得懂(聞き取れる)
(時間)
「ある事実」が「将来」に向かって続く。
听不懂(聞き取れない)
(時間)

つまり、次のように考えるのです。

結果は　1回(点)

可能は　複数回(線)

特に、この考えは過去のケースを考える場合に役に立ちます。

日本語の場合、過去の結果と可能のどちらにも「た」を使います。この原則を守れば、簡単に見分けられるようになるでしょう。

**「点」の表現**

老师说的那句话，我没听懂。

Lǎoshī shuō de nà jù huà，wǒ méi tīngdǒng.

(先生が話した話を聞き取れなかった。)

### 「線」の表現

我刚到中国的时候，中文都听不懂。
Wǒ gāng dào Zhōngguó de shíhou，Zhōngwén dōu tīng bu dǒng.
（中国に行ったばかりのとき、中国語はまったく聞き取れなかった。）

## 自動詞・他動詞と結果補語の可能形

結果補語の可能形がときどきわからなくなる理由は、もう1つあります。それは日本語の構造と関係があります。

找不到　【自動詞】見つからない　　【他動詞】見つけられない
找得到　【自動詞】見つかる　　　　【他動詞】見つけられる

日本語の場合、他動詞に「られる」を付けます。

我找不到那本书。（あの本を見つけられません。）
Wǒ zhǎobudào nà běn shū.

ところが、自動詞には「られる」を付けません。

那本书找不到。（あの本は見つかりません。）
Nà běn shū zhǎobudào.

「見つかる」と「見つからない」は、一般的に「未来」を表す表現と思われがちですが、じつは「可能」を表しています。

また、"没找到" は、たいてい「見つけられなかった」と訳されています。「られる」とされていることから、可能表現だととらえているのだと思いますが、じつは「見つからなかった」という結果表現です。

この場合も、「結果は1回（点）」「可能は複数回（線）」という原則がわかっていると混乱しません。

## 慣用表現としての可能補語

他に、次のような「〇不〇」「〇得〇」という形の慣用表現もあります。

**吃不起** chī bu qǐ（食べられない）
**吃得起** chī de qǐ（食べられる）

上の2つの文は、"吃起" という「動作＋結果」型の離合詞由来の表現ではありません。この "不起" "得起" は、可能補語です。方向補語、結果補語の可能形と、これらの慣用表現を合わせて「**可能補語**」と呼ぶ指南書が多いです。

次は、よく慣用表現として使われる可能補語です。

否定表現の例だけを挙げておきます。

**よく使われる可能補語の否定表現**

**～不起**　お金がなくて～られない
**～不下**　スペースがなくて～られない
**～不了**　量が多すぎて～きれない
**～不动**　力がなくて～できない

以上、補語グループ②（方向、結果、可能）の話でした。

# 第5章

# 構文の発展形

# 「特殊構文」も三大文型とつなげて理解する

## 特殊構文は三大文型の発展形

第5章では、文の飾りの話から、幹である構文の話に戻ります。「三大文型」から一歩進んで、構文の発展形とも言える、やや複雑な構文を紹介します。具体的には、比較文、“是～的”文、存現文、“把”構文、“被”構文、使役文の6つです。

これら6つの構文については、三大文型から切り離されて、独立した構文として解説されることも多いのですが、じつは、すべて三大文型の延長線上、つまり発展形として理解することができます。

まず、比較文については、形容詞文の延長としてとらえることができます。“是～的”文も、普通の動詞文と比べると使い方がよりわかりやすくなります。特に、“是”の「スポットライトを当てる」使い方がわかると、すんなり理解できるのです。

存現文は、主語を動詞の後ろに置く文です。“有”の項ですでに触れました。

また、“把”構文と“被”構文は、二重主語の文、主題、場面から場面へという感覚で理解できます。

使役文などは、第2章で説明した兼語文のより詳細な説明になります。

では、さっそく比較文から見てみましょう！

# 第5章 見取り図

## 比較文

形容詞文の延長として理解する

## "是～的"文

行動／状態の動詞文との比較で理解する

## 存現文

存在の動詞文との比較で理解する

## "把"構文／"被"構文

「主題＋説明」の形で理解する

## 使役文（兼語文）

兼語文とは、目的語が主語を兼務している文のこと。
兼語文の代表的な形が、使役文。

# 形容詞文の発展形「比較文」

## 形容詞文から比較文を作る

比較文には複数の種類があります。ここでは、代表的な形を解説します。第1章で紹介した形容詞文を思い出してください。

形容詞文＝ 名詞A ＋ 形容詞

今天　　　热。（今日は暑い。）
Jīntiān　　rè.

この形容詞文に、前置詞の“比～”（～より）が入ると比較文になります。

比較文＝名詞A ＋ 比 ＋ 名詞B ＋ 形容詞

今天　比　昨天　　热。（今日は昨日より暑い。）
Jīntiān　bǐ　zuótiān　rè.

比較文には、“很”などの程度副詞は使えません。
副詞の中で比較文に使えるのは“更、还”などです。

他哥哥比他更高。（彼の兄は、彼よりもっと高い。）
Tā gēge bǐ tā gèng gāo.

## 差量は形容詞の後に置く

差量とは、両者を比較したときの差のことです。これを形容詞の後ろに置きます。差量には、**「数字で表せる、はっきりとした差量」**と**「ぼんやりとした差量」**の2種類があります。

まずは、数字で表せる差量の例を見てみましょう。

### 数字で表せる差量の文

我比他大三岁。（私は彼より3歳年上です。）
Wǒ bǐ tā dà sān suì.

ぼんやりとした差量には「少し（一点儿）」と、「だいぶ（多了、得多）」の2種類があります。

### ぼんやりとした（数字で表せない）差量の文

我比他大一点儿。（私は彼より少し年上です。）
Wǒ bǐ tā dà yìdiǎnr.

我比他大多了。（我比他大得多。）（私は彼よりだいぶ年上です。）
Wǒ bǐ tā dà duō le.（Wǒ bǐ tā dà de duō.）

次のように、形容詞文に差量表現がある場合、“比”がなくても比較するニュアンスが生まれます。

### 形容詞文に差量表現がある文

那里的房子便宜一点儿。（あそこの部屋は少し安い。）
Nàli de fángzi piányi yìdiǎnr.

这个好吃多了。（これはずっとおいしい。）
Zhè ge hǎochī duōle.

比較する形容詞文には、次のようによく“了”が入ります。

这里比那里暗了一点儿。（こちらはあちらより少し暗い。）
Zhèli bǐ nàli àn le yìdiǎnr.

这件衣服大了一点儿。（この洋服はちょっと大きいです。）
Zhè jiàn yīfu dà le yìdiǎnr.

## 動作の比較は2つの公式を合わせること

動作で比べる場合、「動詞＋“得”＋コメント」に“比”を入れます。“比”を入れる場所は、2つあります。

| 動詞 | ＋“得”＋ | コメント | 他 | 跑得 | 快。 |
|---|---|---|---|---|---|
| ①比～ | | ②比～ | ①比我 | | ②比我 |

“比”の場所によって、話の流れは変わります。
①は“他比我怎么样?”という質問の答えになります。

他比我　跑得快。（彼は私より走るのが速い。）
Tā bǐ wǒ pǎode kuài.

跑得慢。（走るのが遅い。）
pǎode màn.

喜欢跑步。（走るのが好きだ。）
xǐhuan pǎobù.

喜欢看电视。（テレビを見るのが好きだ。）
xǐhuan kàn diànshì.

②は“他跑得怎么样?”という質問の答えになります。

他跑得　比我快。（彼は走るのが私より速い。）
Tā pǎode bǐ wǒ kuài.

比我慢。（私より遅い。）
bǐ wǒ màn.

比豹子还快。（豹よりも速い。）
bǐ bàozi hái kuài.

## 比較文の否定的な表現

比較文の否定形には、“没有～（那么）～”と“不比～”の2種類があります。“没有～（那么）～”の例から見てみましょう。

今天没有昨天（那么）热。（今日は昨日ほど暑くないです。）
Jīntiān méiyǒu zuótiān（nàme）rè.

他没有我跑得（那么）快。（彼は私ほど走るのが速くない。）
Tā méiyǒu wǒ pǎo de（nàme）kuài.

他跑得没有我（那么）快。（彼は走るのが私ほど速くない。）
Tā pǎo de méiyǒu wǒ（nàme）kuài.

「とても暑かった」「とても速かった」と、形容詞をより強調したい場合は、“那么”を入れます。訳は同じです。次は、“不比～”を使った例文です。

今天不比昨天热。（今日は昨日より暑くはない。）
Jīntiān bù bǐ zuótiān rè.

上記の言い方には、相手への反論が入っているのでお勧めしません。

Column

# 語順と文の焦点

## 「文の焦点」とは？

中国語を勉強しているときに、語順に迷うことがあるかもしれません。

中国語の語順を考えるときに、参考になる考え方があります。それは、「文の焦点」です。「文の焦点」という考え方は、中国語に限らず、すべての言語に共通して存在します。日本語の例で見てみましょう。みなさんは、日常生活で次のような誤解が生じた経験はないでしょうか。

ある日、大学の先生であるＡさんは、彼の奥さんに「午後に大学に行く」と言いました。彼が一番伝えたかったのは、「昼ご飯を家で食べる」ということでした。ところが、奥さんは「大学に行くの？ 美術館に行くと聞いていたけど？」と答えたのです。

上の例では、奥さんがＡさんの発言の中から、「午後に」ではなく「大学」という言葉のほうに注目したために生じた行き違いでした。じつは、「午後に大学に行く」というＡさんのセリフには、「午後」「大学」「行くか行かないか」という３つの焦点があります。これが「文の焦点」です。

【焦点①】午前でもなく、夕方でもなく、午後だ。
【焦点②】美術館でもなく、図書館でもなく、大学だ。
【焦点③】行かないではなく、行く。

「文の焦点」という観点から見ると、「午後に大学に行く」というたった一文の中に、じつは、なんと3通りの解釈の余地があることがわかります。

「文の焦点」を自分の意図通りに相手に伝える方法としては、**「言いたいところ」を強く読む**ことがあります。

または、日本語の場合、次のように**「は」を使う**という手もあります。

彼とは渋谷でご飯を食べたくない。→「彼」が嫌だ

彼と渋谷ではご飯を食べたくない。→「渋谷」が嫌だ

彼と渋谷でご飯は食べたくない。→「ご飯」が嫌だ

## 中国語の語順を理解するために

この文の焦点という考え方がわかると、中国語の語順が一気に理解しやすくなります。

例えば、“我喜欢喝咖啡。”（私はコーヒーを飲むのが好きです。）という文には、次の3通りの解釈の可能性があります。

1. 他の人ではなく、“我”が好きだ。
2. 淹れるのではなく、“喝”が好きだ。
3. 他の飲み物ではなく、“咖啡”が好きだ。

この一文に副詞の“也”を入れると、“我也喜欢喝咖啡。”となります。この文も、焦点の当て方を変えることによって、3通りの日本語訳ができます。

私もコーヒーを飲むのが好きです。

私はコーヒーも（飲むのが）好きです。

私はコーヒーを飲むのも好きです。

語順に迷ったときは、ぜひ「文の焦点」に注目してみてください。

# 「イコール」以外の“是”の使い方

## 4つの“是”

前述の通り、“是”は「イコールを表す」という役割を持つ言葉ですが、それ以外にも次の3つの使い方があります。

**「イコール」以外の“是”の使い方**

1. 形容詞文や動詞文の中で使われる「たしかに」と訳す“是”
2. “不是～、是～”という複文の一部が省略された場合の“是”
3. 「文の焦点を絞る」役割を持つ“是”

順番に見ていきましょう。

まず1つ目は、**形容詞文や動詞文の中で使われる場合の“是”**です。後ろにくる動詞や形容詞を強調する役割があります。この場合の訳は、**「たしかに」**になります。

**「たしかに」と訳す“是”**

今天是热。Jīntiān shì rè.（今日はたしかに暑い。）
我是想去。Wǒ shì xiǎng qù.（私はたしかに行きたいです。）

2つ目は、**“不是～、是～”という複文の一部が省略された場合の“是”**です（P218参照）。次のようになります。

### “不是〜、是〜”から省略された場合の“是”

是这个菜太辣了。（この料理は辛すぎるからです。）
Shì zhè ge cài tài là le.

我是想去看电影。（私は映画を観に行きたいのです。）
Wǒ shì xiǎng qù kàn diànyǐng.

## 焦点を絞る“是”

3つ目は、**「文の焦点」にも関連する、「焦点を絞る」役割を持つ“是”**です。次の文を見てください。

### 「文の焦点」を絞る役割を持つ“是”

我下个星期四坐新干线去京都。
Wǒ xià ge xīngqīsì zuò Xīngànxiàn qù Jīngdū.
（私は来週木曜日に新幹線で京都に行きます。）

この文は、次のように4か所に“是”を入れることができます。“是”の後ろが、「文の焦点」になります。

我是下个星期四坐新干线去京都。
我下个星期四是坐新干线去京都。
我下个星期四坐新干线是去京都。
是我下个星期四坐新干线去京都。

この“是”は、この文の中心の動詞“去”の前にしか置けません（この点は副詞に似ています）。“去”の前の要素は、「主体、時点、場所、手段」です。そのため、“是”は、この4つのいずれかに焦点を絞れるということです。

# 2つの“是～的”文

## “是～的”の形でも“是～的”文に限らない

普通の名詞文の中にも、“是～的” の形をとる文があります。

次の文を見てください。

这是我昨天买的。(これは私が昨日買ったの（もの）です。)
Zhè shì wǒ zuótiān mǎi de.

この文は “的” の後ろにある「もの」が省略されているだけで、“是” は「＝（イコール)」の意味です。したがって、名詞文です。

では、次の文はどうでしょうか。

我是昨天买的。(私は昨日買ったのです。)
Wǒ shì zuótiān mǎi de.

常識的に考えて、“我” ＝ “昨天买的” はありえないので、この “是” は、「＝」を意味していないことがわかります。

つまり、“是～的” の形であるものの、“是” が「＝」を意味しない文は名詞文以外にもあるのです。2つの “是～的” 文を見ていきましょう。

## “是～的” 文①の特徴は？

では、中国語の指南書でよく紹介される “是～的” 文①を見てみましょう。

次の2つの文は、「私は昨日買った」という同じ事実を指していますが、“是～的”を使うことで、違うニュアンスが生まれます。

我昨天买了。→ 一番言いたいのは「買った」という事実
Wǒ zuótiān mǎi le.

我是昨天买的。→ 一番言いたいのは「昨日」という時点
Wǒ shì zuótiān mǎi de.

同じ事実を指しているのに、なぜ、“是～的”を使うと異なるニュアンスが生まれるのでしょうか。

手がかりは、前に紹介した「文の焦点」にあります。普通の動詞文の焦点は“买了”ですが、“是～的”文①の焦点は“是”の後ろの“昨天”になります。

また、“是”は「主体、時点、場所、手段」に焦点を合わせることができることを前に紹介しました。

以上から、“是～的”文①は次のように表すことができるのです。

“是～的”文①＝
是＋（主体、時点、場所、手段・方式）＋動詞＋（“的”）＋目的語＋（“的”）

“的”の場所は、動詞文の中の“了”と同じで2か所あります。

## “是～的”文①で聞ける4項目

**“是～的”文①がもっとも使われるのは、質問をするとき**です。

なぜなら、質問をするときというのは、聞きたいところに焦点を当てるのが望ましいからです。

## "是～的"を使った質問文

你是什么时候回来的？（いつ帰ってきたの？）
Nǐ shì shénme shíhou huílai de?

"你什么时候回来了？" と聞くと、焦点は "回来了" にあるので、「いつ帰ってきたの？ 私はずっと家にいるのに、なんで知らないの？じつは帰ってきてないよ」という意味になります。

次のように、"是～的" 文①を使うと、「主体、時点、場所、手段・方式」の4項目について聞くことができます。いずれも "是" は省略できます。

【主体】是谁告诉你的？（だれがあなたに教えたの？）
Shì shéi gàosu nǐ de?

【時点】你是哪一年来日本的？（何年に日本に来たの？）
Nǐ shì nǎ yì nián lái Rìběn de?

【場所】你是在哪儿出生的？（どこで生まれたの？）
Nǐ shì zài nǎr chūshēng de?

【手段・方式】
你是怎么考上东京大学的？（どうやって東京大学に合格したの？）
Nǐ shì zěnme kǎoshàng Dōngjīng dàxué de?

"是～的" 文①は、「すでに起きたこと」に対して使います。話す人も聞く人も、その事実を知ったうえで新しい情報を聞き出すのです。

例えば、相手が "我买了一台新电脑。"（新しいパソコンを買ったよ。）と言った後に、"你是什么时候买的？"（いつ買った？）、"你是在哪儿买的？"（どこで買った？）と質問したとしましょう。

自分から話すときは、まず "我买了一台新手机。"（携帯を買い替えた。）と事実を述べてから、"我是昨天买的这台手机。"（昨日この携帯を買った。）

"是在网上买的。"（ネットで注文した。）と具体的に言います。

また、"的" の場所は2か所あります。これは "了" と同じです。

1. 私は中国で中国語を習ったのです。

   我在中国学了中文。Wǒ zài zhōngguó xuéle zhōngwén.

   我在中国学中文了。Wǒ zài zhōngguó xué zhōngwénle.

2. あなたはどこで中国語を習ったの？

   你是在哪里学的中文？ Nǐ shì zài nǎlǐ xué de zhōngwén?

   你是在哪里学中文的？ Nǐ shì zài nǎlǐ xué zhōngwén de?

## "是～的" 文(2)の特徴は？

最後に、"是～的" 文②も見てみましょう。

次のように、**形容詞文や動詞文に "是～的" を付けます**。この "的" は、"了" に変えることはできません。

西瓜很好吃。→西瓜是很好吃的。（スイカはおいしい。）
Xīguā shì hěn hǎochī de.

我去过北京。→我是去过北京的。（北京に行ったことがある。）
Wǒ shì qùguo Běijīng de.

この場合、文の全体を強調するニュアンスがあります。日本語の「～のだ」に近いイメージです。

したがって、多用すると文章がうるさい印象になってしまうので、本当に強調したいときだけに使うようにしましょう。

# 主体と動作の語順が逆になる「存現文」

## 「存現文」は文字通りに理解しないほうがいい

主体が動詞の後ろにくる構文のことを存現文と言います。存現文では、「主体＋動詞」ではなく、「動詞＋主体」という語順になるということです。

このような語順の文は、“有”の項目でも触れました。

存現文＝ 動詞 ＋ 主体

下 xià 雨 yǔ 了。le.（雨が降っている。）

「存現文」という名前の理由は、存在、出現・消失、自然現象を描写する文にこのような語順が現れるからです。ただし、存在、出現・消失、自然現象を表す文がすべて存現文というわけではありません。中でも、「動詞＋主体」になる文のことを存現文と言います。

普通の動詞文と存現文を比較してみましょう。

【普通の動詞文（主体＋動詞）】 客人来了。

【存現文（動詞＋主体）】 来客人了。

上の2つの文の意味は、両方とも「お客さんが来た。」ですが、ニュアンスが少し異なります。“客人来了。”は、「（予定していた）お客さんが来た。」、“来客人了。”は、「（突然の）お客さんが来た。」です。

存現文を使うときは、客観的な視点で「主体」となる人やモノを見る感覚です。多くの場合、主体は特定ではない存在です。

## 存現文を使う場面

存現文について、人やモノの「存在」、「出現・消失」、「自然現象」の順に見ていきましょう。まずは、人やモノの「存在」についてです。次の文中にある留学生と猫は、それぞれ「座る」「寝る」という動作の主体です。

**「存在」を表す存現文**

房间里坐着很多留学生。(部屋でたくさんの留学生が座っています。)
Fángjiān li zuòzhe hěn duō liúxuéshēng.

院子里睡着一只猫。(庭で猫が寝ています。)
Yuànzi li shuìzhe yì zhī māo.

次は、人やモノが「出現・消失」することを話すときです。3人のお客さん、1人の犯人は、それぞれ「来る」「逃げる」という動作の主体です。

**「出現・消失」を表す存現文**

昨天来了三位客人。(昨日3人のお客さんが来ました。)
Zuótiān láile sān wèi kèren.

逃走了一个罪犯。Táozǒule yí ge zuìfàn.(犯人が1人逃げた。)

最後は、「自然現象」を語るときの存現文です。自然現象はまさに私たちの視界に現れる現象です。この使い方は、「降雨」「開花」と通じます。

**「自然現象」を表す存現文**

突然下雨了。Tūrán xiàyǔ le.(急に雨が降り出しました。)

山上开满了樱花。Shānshang kāimǎnle yīnghuā.(山の桜が満開です。)

ここまで紹介した存現文の文について、次のように、普通の語順で表すこともできます。

那只猫睡在院子里。（あの猫は庭で寝ています。）
Nà zhī māo shuì zài yuànzi li.

客人已经来了。（お客さんはもう来ています。）
Kèrén yǐjīng lái le.

山上的樱花都开了。（山の桜が満開です。）
Shānshang de yīnghuā dōu kāi le.

## 絵のフレームで考える存現文

存現文の事実のとらえ方は、場面①→場面②の発想で理解できます。

教室里　／／　坐着一些留学生。
（場面①）　　　　（場面②）

場面①は“教室里”「教室で」です。場面②は“坐着一些留学生”「留学生が座っている」です。ここでは、“坐着”（座っている）という事実が先に気づかれました。そして「座っているのは誰だろう」と思い、「留学生たち」とわかった、という流れです。次の文を見てください。

下雨了。xiàyǔ le.（雨が降っている。）

この場合、まず話し手の「視野」を想像してください。「何が降ってきた→それは雨だ」という思考の流れです。逆に、「雨が止んだ」というとき、「雨が降っている事実」が前提になります。すると、「雨」はすでに意識している個としての現象です。この場合、“雨停了。”と言います。存現文は使いません。また、雨が降っていることを意識した後に雨が降り続けると言う場合は、“雨下了一个小时。”（雨は1時間降り続けた。）になります。

つまり、**存現文とは、ある空間、または自分の視野を絵のフレームのように表した文**ということなのです。

## 絵の中の主体は不特定な存在

絵の中で出てきた「主体」は基本的に不特定の人、モノです。「特定」と「不特定」の違いは、存現文と、この後に登場する“把”を理解するときに重要になります。「情報」という点から、次の2つの例を考えてみます。

例1　李先生が昨日来ました。
例2　昨日、台湾の友達が来た。

まず、例1については、一般的には“昨天李老师来了。”と言います。世の中に李先生は多くいますが、多くの場合、話す人と聞く人の間に「今話しているのがあの李先生だ」という暗黙の了解があります。李先生に対して「情報」をたくさん持っているので、李先生は特定の存在です。“昨天来了李老师。”とは言いません。

もし「李先生」が新人の先生だった場合は、「李」という名前以外に情報がありません。世の中に多く存在する李先生のうちの1人にすぎないので、不特定の存在です。この場合、“昨天来了一位李老师。”と言います。

次に例2についてですが、話す人にとって、その友達は特定の存在です。しかし、聞く人にとって、「台湾の友達」は「台湾人」以上の情報がない不特定の存在になります。この場合、いきなり“昨天我的台湾朋友来了。”と言ったら唐突です。聞く人は「誰だろう。私が知っている人？」と考えてしまいます。

自然な言い方は、“昨天来了一个台湾朋友。”です。つまり、特定か不特定かを判定するときは、話す人よりも聞く人の感覚が大切になるのです。

# 動作の後ろに結果報告がくる“把”構文

## なぜ“把”構文は特別？

“把”（bǎ）は「～を」という意味の前置詞です。前述の方向・結果補語の項目で、次のような“把”がこれまでに何度も登場しました。

| 主体 | 対象 | 動作 | 結果 |
|---|---|---|---|
| 他 | 把你的蛋糕 | 吃 | 掉了。 |
| Tā | bǎ nǐde dàngāo | chī | diào le. |

このような文を“把”構文と呼びます。たくさんある前置詞の中で、なぜ“把”だけが構文に昇格されたのでしょうか。

じつは、上の文の内容は、次のように2つの語順で表現できます。

我　吃掉了　你的蛋糕。（主語＋動詞述語＋目的語）
你的蛋糕　我　吃掉了。（主題＋主語＋動詞述語）

また、次第に“把”を使って動作の対象（蛋糕）を動詞の前に持ってくるようになりました。そして、次の2つの制限が生まれたのです。

【制限1】“把”の後ろには基本的に「特定の人やモノ」がくる
【制限2】動作の後ろに「結果報告」がくる

この制限から、“把”構文と呼ばれるようになったと考えられます。

## “把”構文と特定の存在

制限1の「特定の人やモノ」は、どのような内容が当てはまるのでしょうか。**基本的に、特定の人やモノの前には、よく“这个”（この）、“我的”（私の）などの言葉が付きます。**不特定の人やモノの前には、よく“一个”“很多”のような数量詞が付きます。

例えば、喫茶店に入って「コーヒーを1杯ください」と伝える場合、この「コーヒー」は不特定のコーヒーなので、“把”は使えません。

给我一杯咖啡。Gěi wǒ yì bēi kāfēi.（コーヒーを1杯ください。）

店員からコーヒーを受け取った後は「特定のコーヒー」になります。

そして、そのコーヒーを友達に取ってほしいときは、次の2つの言い方ができます。

あのコーヒーをください。
给我那杯咖啡。Gěi wǒ nà bēi kāfēi.
把那杯咖啡给我。Bǎ nà bēi kāfēi gěi wǒ.

“把”を使った文のほうがより自然です。ただし、多くの場合、“一个”や“这个”をわざわざ付けません。この場合では、「唯一の存在」であるかどうかで判断しましょう。

例えば、車を買いたいと思ったとき、「車」は不特定なので、“我想把车买。”ではなく“我想买车。”になります。しかし、車を売りたいときは、その「車」が特定になるので、“我想把车卖了。”になります。

また、「昼ご飯を食べた。」は、“把午饭吃了。”とはなりません。昼ご飯は具体的ではないからです。しかし、「たまごを食べた」なら、“我把鸡蛋吃了。”と言えます。

## “把”構文と結果報告

「“把”構文に結果報告が必要」とはどういうことでしょうか。

方向補語、結果補語、前置詞フレーズ補語が付く場合、補語は「動作の結果」を表します。二重目的語を持つ文にも「結果」が含まれています。

主体＋“把”対象＋動作＋結果

我把杯子拿来了。(コップを持ってきた。)
Wǒ bǎ bēizi nálai le.

我把他的话听错了。(彼の話を聞き間違えた。)
Wǒ bǎ tā de huà tīngcuò le.

他把手机放在桌子上。(彼は携帯をテーブルに置いた。)
Tā bǎ shǒujī fàngzài zhuōzi shang.

你别把这件事告诉老师。(この件を先生に言わないで。)
Nǐ bié bǎ zhè jiàn shì gàosu lǎoshī.

語順の観点から見ると、“把”を使うと、動作の「対象」と「結果」は動詞の後ろに集まらなくてよくなるので、バランスがいいといえます。

## “了”は「ない」の意味

次のような“把”構文には、一見、結果報告がないように思えます。

你把它吃了。(これを食べてしまいなさい。)
Nǐ bǎ tā chī le.

你就把过去的事忘了吧。(過ぎたことは忘れなさい。)
Nǐ jiù bǎ guòqù de shì wàngle ba.

じつは、例文の中の“了”は「変化」の“了”ではなく、「ない」という意味です。この“了”は、動詞の“掉”diào（してしまう）に近いです。「してしまう」には「なくなる」と「間違ってやった」の2通りの意味がありますが、“了”“掉”は前者の「なくなる」に近いと言えます。つまり、“吃了”は「食べた」ではなく、「食べて、これがなくなる」というニュアンスから、「食べてしまう」という意味になります。

また、“忘了”も「忘れた」ではなく、「忘れて、記憶にない」という意味で、つまり「忘れる」にあたります。これは、P90で触れた“了”の3番目の使い方になります。

以上の文は、結果報告をしていないように見えて、じつは“了”の中にちゃんとあるということなのです。

## 一部の“把”構文に「させる」の意味がある

最後に、日常会話によく登場する“把”の表現を見てみましょう。

把我热死了。Bǎ wǒ rè sǐle.（暑くて死にそう。）

今天把我累死了。Jīntiān bǎ wǒ lèi sǐle.（今日はすごく疲れた。）

この2つの文は、常識的に考えて主語はいずれも“我”だということは理解できます。

また、単に「とても暑い」「すごく疲れた」という事実を伝えるだけの文ではなく、文頭には、「とても高い気温のせいで」「忙しすぎる仕事のせいで」などの理由が隠されていると考えることができます。

このことは、この後に解説する“被”を使う受身文、因果関係を表す使役文につながります。

# “被”を使った受身文

## “被”を使った受身文

中国語には、受身文の形が複数あります。

まずは、“被”を使う受身文から見てみましょう。

**“被”を使った受身文**

A（対象）＋“被”B（主体）＋動作＋結果

我的钱包被小偷偷走了。（私の財布は泥棒に盗まれた。）
Wǒ de qiánbāo bèi xiǎotōu tōuzǒu le.

「盗んだ主体」は泥棒（小偷）、「盗まれた対象」は財布（钱包）です。

最後の“走了”は、「離れてしまった」という動作の結果（結果報告）を表します。ちなみに、“被”の後ろの主体は、次のように省略が可能です。

我的钱包被偷走了。Wǒ de qiánbāo bèi tōuzǒu le.（私の財布は盗まれた。）

“被”を使う受身文には、もう1つの形があります。

我被小偷偷走了5万日元。（私は5万円を泥棒に盗まれました。）
Wǒ bèi xiǎotōu tōuzǒu le wǔwàn Rìyuán.

これは、「AさんはBさんに～をされた」という形です。動作の主体である泥棒（小偷）も、同じく省略可能です。

以上の内容をまとめると、次のようになります。

対象＋B（主体）＋行動＋結果
人間＋B（主体）＋行動＋結果＋対象

B（主体）に何かをされたという点では共通しています。
ちなみに「財布を盗まれた」という事実を“把”構文でも表せます。

B（主体）＋“把”A（対象）＋動作＋結果
小偷把我的钱包偷走了。（泥棒が私の財布を盗みました。）
Xiǎotōu bǎ wǒ de qiánbāo tōuzǒu le.

“把”構文と“被”を使う受身文は、それぞれ異なる過程で形成されてきた構文ですが、お互いに言い換えやすいので、中国の学校教育でもよく一緒に取り上げられます。

重要なのは、両者とも「結果報告」という特徴があることです。この点については、改めて解説します。

## “被”はいつ使う？いつ使わない？

次の文を見てください。「主体」は“我”で、「対象」は“杯子”です。“杯子”が前にきているので受身文だとわかるものの、“被”が見当たりません。

杯子我拿来了。（コップを持ってきた。）
Bēizi wǒ nálai le.

この文は、「主題＋主語＋動作＋結果」の主題文、と考えることができます。

じつは、このような主題文や、“被”を使う受身文の他にも、いくつか受身文の形はあるのですが、本書では割愛します。ここでは主題文という視

点から、“被” の役割の説明を続けたいと思います。

前ページの例文をもう一度見てください。

なぜ私たちが、この文における「動作主」と「対象」をすぐに見分けられるかというと、それは、「人間は動く」「コップは動かない」という「常識」があるからです。もし、この文が童話のようなファンタジーの世界における話だとしたら、「コップ」が「私」を「持ってきた」と解釈することも可能でしょう。

この文に限らず、じつは、私たちは文を「常識的に」理解しています。そのため、この文も、“被” がなくても受身文であることがすぐに理解できるのです。

では、このような「常識で動作主と対象を見分けられるケース」の中で、どういうときに、“被” を付けるかというと、2つのケースがあります。

よく知られるのは、迷惑、被害の気持ちがある場合です。

我的电脑被妹妹拿走了。(私のパソコンは妹に持っていかれた。)
Wǒ de diànnǎo bèi mèimei názǒu le.

もう1つは、自慢と褒める気持ちがある場合です。

这个菜被你做得这么好吃。(この料理はすごくおいしくできたね。)
Zhè ge cài bèi nǐ zuòde zhème hǎochī.

“被” がないと、常識的に動作主と対象を見分けられないケースもあります。それは、人間対人間の場合です。

この場合、気持ちに関係なく、“被” が必要になります。

我被邀请参加了会议。(私は会議に誘われました。)
Wǒ bèi yāoqǐng cānjiāle huìyì.

以上から、すべての受身文で“被”が使われるわけではないことがおわかりいただけたと思います。

## 主題文と“把”、“被”

最後に、主題文という視点から、もう一度“把”構文と“被”を使う受身文について見てみたいと思います。

じつは、中国語の主題文の重要な特徴は、「二重主語」にあります。「対象、主体」あるいは「主体、対象」と、どちらの順でも話すことができます。結果補語と方向補語の項目でも、「動作+結果」の複合動詞を多く見てきました。これも「二重述語」と考えることができます。

「二重主語」と「二重述語」を中国語の重要な特徴としてみると、“把”構文、“被”を使う受身文の構造も理解しやすくなるのです。

先ほどの「私の財布は泥棒に盗まれた。」という2つの文をもう一度見てください。

“把”構文→小偷把我的钱包偷走了。
“被”構文→我的钱包被小偷偷走了。

“钱包”と“小偷”が「二重主語」で、“偷”と“走”は「二重述語」になっています。そのため、“把”構文も“被”を使う受身文も典型的な形は結果が付いているのです。

また、二重主語という視点でP199の“把我热死了。”を理解すると、“把”の後ろの“我”は、主語であることも理解できます。

# 目的語と主語が交代する兼語文

## あらためて兼語文とは？

本章の最後は、兼語文です。

兼語文は、中国語特有の構文と言われています。

次の形で理解できます。

**兼語文**

A＋動詞＋B

B＋動詞＋C

C＋動詞＋D

BとCは前の動作の目的語でありながら、次の動詞の主語になっています。つまり、目的語と主語を兼務しているということです。兼語文の「兼」は、このことを意味しています。言い換えると、１文の中で主語が途中で交代したということです。

兼語文の形は複数あります。本書では、代表的な3つを紹介します。

## 使役文は兼語文の筆頭格

まずは、使役文です。一般的に、使役文は次のように理解されます。

使役文＝A＋使役動詞＋B＋動作

“叫、让、请” の3つは、使役動詞としてよく使われます。一般動詞としては、“叫”は「話す」「呼ぶ」、“让”は「ゆずる」、“请”は「ご馳走する」という意味です。

まず、“叫”は、使役動詞としては次のように使います。

## 使役動詞の“叫”を使った使役文

老师叫你去一下。（先生はあなたを呼んでいます。）
Lǎoshī jiào nǐ qù yíxià.

妈妈叫他快睡觉。（お母さんは彼に早く寝なさいと言っています。）
Māma jiào tā kuài shuìjiào.

“叫”は、「話す」「呼ぶ」という意味を持っています。命令のニュアンスが含まれています。下の文の“叫他快睡觉”は、「寝かせる」よりも「寝なさいと言っている」と理解したほうが正しいでしょう。

次は、“让”です。

## 使役動詞の“让”を使った使役文

医生让他好好儿休息。（医者は彼によく休むように提言しました。）
Yīshēng ràng tā hǎohāor xiūxi.

让我来说明一下。（説明させてください。）
Ràng wǒ lái shuōmíng yíxia.

这件事让我很不舒服。（このことでとても不愉快です。）
Zhè jiàn shì ràng wǒ hěn bù shūfu.

“让我～”で、「～させてください」という意味です。

また、3番目の例文を見ると、“这件事”が「原因」、“我很不舒服”が「結果」というように、“让”が因果関係を表していることがわかります。

“把”構文の項目で説明した“今天把我累死了。”という文も、じつは「仕事のせいで、私はとても疲れている。」というように因果関係を表しています。その点において、使役文に近い“把”構文と言えるでしょう。

続いては、“请”を使った使役文を見てみましょう。

### 使役動詞の“请”を使った使役文

我们请客户来公司谈吧。Wǒmen qǐng kèhù lái gōngsī tán ba.
（クライアントに、会社に来てもらって相談しましょう。）

请大家安静下来。Qǐng dàjiā ānjìng xiàlai.
（みなさん、静かにしてください。）

“请”は目上の人などに、何かを「していただく」ときによく使います。この“请”の使い方は、「してください」という意味の“请”と同じです。

“叫、让、请”の3つは、上下関係などと絡んでいる言葉なので、使うときには注意が必要です。兼語文の原理がわかるようになると、次のように3人以上が関わる兼語文もつくることができます。

请您让他回来后给我打个电话。
Qǐng nín ràng tā huílai hòu gěi wǒ dǎ ge diànhuà.
（彼が帰ってきたら、私に電話をするように伝えてください。）

我让他唱给你听。Wǒ ràng tā chàng gěi nǐ tīng.
（彼に歌わせて、あなたに聞かせます。）

基本的に「A＋動詞＋B＋動詞＋C＋動詞」と考えて文をつくりましょう。

## 他の兼語文

使役文以外の兼語文も見てみます。例えば、“惹”、“逗”です。

她喜欢逗孩子笑。Tā xǐhuan dòu háizi xiào.
(彼女は子供を笑わせるのが好きです。)

你不要惹她哭。Nǐ bú yào rě tā kū.
(彼女を泣かせないで。)

また、“同意、推荐” などを使って兼語文をつくることもできます。

老板同意我去上海出差了。Lǎobǎn tóngyì wǒ qù Shànghǎi chūchāi le.
(上司が私の上海出張を許可しました。)

さらに、次の文も兼語文として理解することができます。

我建议你去那里看看。Wǒ jiànyì nǐ qù nàli kànkan.
(そこに見に行ってみると提案します。)

我每天做饭给他吃。(私は毎日彼の食事をつくります。)
Wǒ měitiān zuòfàn gěi tā chī.

讲个故事给我们听听好吗?(私たちに物語を話してみてください。)
Jiǎng ge gùshi gěi wǒmen tīngting hǎo ma?

このような兼語文を学習者が自分でつくるのは難しいと思います。

まずは理解できるようにしてから、実際に出会った言い方を覚えるようにしましょう。

## 「“有、没有”＋〜する」兼語文など

兼語文にもう1つよく使うパターンがあります。それは、「A＋有(没有)＋B＋動作など」です。

つまり、「こういう人がいます」＋「彼は〜です／します」という文です。

我有一个朋友是律师。（私に弁護士の友達がいます。）
Wǒ yǒu yí ge péngyou shì lǜshī.

我们班有一些人去过美国。
Wǒmen bān yǒu yìxiē rén qùguo Měiguó.
（私たちのクラスにアメリカに行ったことがある人が何人かいます。）

我有一个朋友长得很高。（私は背が高い友達がいます。）
Wǒ yǒu yí ge péngyou zhǎngde hěn gāo.

次の文は、兼語文ではありませんが、一緒に紹介します。

我没有时间学汉语。（私は中国語を勉強する時間がありません。）
Wǒ méiyǒu shíjiān xué Hànyǔ.

我没有钱买房子。（私は部屋を買うお金がありません。）
Wǒ méiyǒu qián mǎi fángzi.

この構文と、上述の“有／没有”兼語文には、次のような共通点が見られます。

A＋有／没有＋［修飾する語句］＋B
↓
A＋有／没有＋B＋［修飾する語句］

Bを修飾する語句が長い場合、それをBの後ろに置きます。
ただし、このような使い方は、基本的に“有／没有”の文にしか使わない点には注意しましょう。

# 第6章

# 複文の組み立て方

# 複文は2つの文の関係性を判断する

## 2つの文の関係性6つのパターン

ここまで、三大文型をはじめとした多くの構文を解説してきましたが、それらはすべて1つの文（単文）でした。

そこで第6章では、文の形の発展形として、単文と単文をつなげた複文についてお話ししたいと思います。

日常会話では、2つの単文をくっつけるだけでも複文になることがあります。例えば、“下雨了，我不去。”（雨が降っているから、私は行かない。）などです。

しかし、多くの場合、複文にするために接続詞や副詞を使います。

接続詞は基本的に単文の文頭、副詞は「主語＋時間詞」の後ろに入れます。2つの単文の主語が同じ場合は、主語を複文の主題として文頭に持っていくことがよくあります。

次に、複文をつくるときに重要になるのが、2つの文の関係性です。

関係性のまったくない2つの文をつなげてしまうと、支離滅裂な複文が出来上がってしまいます。

本書では、複文をつくるときの2つの文の関係性について、「因果・目的」「逆接・譲歩」「仮説関係」「選択・判断」「継起・追加」「条件（必要、十分、極端）」という6つのパターンを取り上げます。

## 第6章 見取り図

### 複文のパターン1 因果・目的

【因果】"因为" ／ "所以"
【目的】"为了"

### 複文のパターン2 逆接・譲歩

【逆接】"不过" ／ "可是" ／ "但是"
【譲歩】"虽然" ／ "尽管"

### 複文のパターン3 仮説関係

"如果（要是）～（的话），就～"

### 複文のパターン4 選択・判断

"不是～，是～"

### 複文のパターン5 継起・追加

"不仅～，而且～还～" ／ "于是" ／ "既然～，就～"

### 複文のパターン6 条件

❶ 最低条件　❸ 無条件
❷ 必須条件　❹ 極端な条件

# 「因果関係」を表す“因为”と“所以”

## 因果関係の表し方

「～だから、～」「～ので、～」などの因果関係と、目的関係について表す言葉を解説します。

まず、因果関係を表す言葉として、“因为”（なぜなら）と“所以”（だから）があります。

### 因果関係を表す“因为”と“所以”

因为咖啡店里人很多，所以我想换个店。
Yīnwèi kāfēidiàn li rén hěn duō, suǒyǐ wǒ xiǎng huàn ge diàn.
（喫茶店は人が多かったので、店を変えたいです。）

我因为想吃面包，所以就去了面包店。
Wǒ yīnwèi xiǎng chī miànbāo, suǒyǐ jiù qùle miànbāo diàn.
（パンを食べたかったので、パン屋に行きました。）

上の例文には“咖啡店里”と“我”の2つの主語（主題）があります。

下の例文のほうは、2つの単文の主語が両方とも“我”です。この場合、文頭のほうの“我”を残し、複文の主題とします。

また、次のように“所以”を単独で使うこともできます。

面包很好吃，所以我很满意。（パンが美味しかったので、とても満足です。）
Miànbāo hěn hǎochī, suǒyǐ wǒ hěn mǎnyì.

結論を先に話す場合は、“因为”を後ろの単文に置きます。

我今天很开心，因为吃到了最爱的蛋糕。
Wǒ jīntiān hěn kāixīn，yīnwèi chīdào le zuì ài de dàngāo.
（今日は楽しかった。大好きなケーキが食べられたからです。）

## 目的関係を表す“为了”

続いては、目的関係を表す“为了”について解説します。
“为了”は、「～のため」という意味です。後ろに名詞・動詞フレーズがきます。

**目的関係を表す“为了”**

为了你，我做什么都可以。（あなたのためなら、何でもやります。）
Wèile nǐ，wǒ zuò shénme dōu kěyǐ.

为了听一场音乐会，我排了三个小时的队。
Wèile tīng yì chǎng yīnyuèhuì，wǒ pái le sān ge xiǎoshí de duì.
（コンサートを聴くために、3時間も並びました。）

“因为”と“为了”は、どのように使い分けるかというと、「時間の流れ」がポイントになります。「過去のこと＋未来のこと」の順の場合は“因为”を、「未来のこと＋過去のこと」の順の場合は“为了”を使いましょう。

**“因为”と“为了”の使い分け方**

「過去のこと（A）＋未来のこと（B）」→因为A，所以B
「未来のこと（B）＋過去のこと（A）」→为了B，A

# 「逆接関係」を表す“不过”“可是”“但是”

## 逆接関係の表し方

逆接関係は、日本語では「**〜、でも〜**」「**〜、しかし〜**」と表します。中国語の場合は“不过”“可是”“但是”を使います。

“不过”が、もっともソフトな表現で、「〜、でも〜」という意味です。“可是”は、少し強い口調の「〜、しかし、〜」です。“但是”は、書くときによく使われます。

### ソフトに逆接の関係を表す“不过”

这些菜都很好吃，不过我觉得有点儿辣。
Zhèxiē cài dōu hěn hǎochī，búguò wǒ juéde yǒudiǎnr là.
（これらの料理はおいしいけれど、少し辛かったと思います。）

### 少し強いトーンで逆接の関係を表す“可是”

我真的很想跟你一起去吃饭，可是实在没有时间。
Wǒ zhēnde hěn xiǎng gēn nǐ yìqǐ qù chīfàn，kěshì shízài méiyǒu shíjiān.
（本当にあなたと一緒にご飯を食べたいですが、どうしても時間がありません。）

### 書き言葉としてよく使われる、逆接の関係を表す“但是”

我们相识很久了，但是从来没在一起吃过饭。
Wǒmen xiāngshí hěn jiǔ le，dànshì cónglái méi zài yìqǐ chīguo fàn.
（私たちは知り合ってから長いですが、一度も一緒に食事をしたことがありません。）

## 譲歩関係の表し方

譲歩関係は聞きなれない言葉かもしれませんが、日本語で「～にもかかわらず～」で表します。中国語の場合は、次のように表します。

譲歩関係（～にもかかわらず～）＝“虽然”／“尽管”＋逆接関係

譲歩関係は、「Aであるなら、当然Bという結果になるはずが、Cになった。だから、**Cという結果はありがたい**」などのニュアンスが含まれています。

例文を見てみましょう。

**譲歩関係を表す文**

爷爷虽然已经80多岁了，可是每天去遛狗。
Yéye suīrán yǐjīng bā shí duō suì le, kěshì měitiān qù liù gǒu.
（お爺さんは80歳を超えているけれども、毎日犬を連れて散歩します。）

尽管我们心里都清楚，可是谁也不想说出来。
Jǐnguǎn wǒmen xīnli dōu qīngchǔ, kěshì shéi yě bù xiǎng shuō chūlai.
（私たちは心でわかっているけれども、誰も口を開きません。）

例文からもわかる通り、この譲歩関係の文はよく「～けれども～」で訳します。

和訳だけでは、逆接関係と譲歩関係のどちらを表しているのかわからない場合があります。ただ、この2つの表現で言っていることは、じつは逆接関係、譲歩関係のどちらで解釈したとしても、内容に大きな違いはありません。譲歩関係を使っている後者のほうが、「ありがたい」などのニュアンスがより強調されている、というだけです。

# 仮説関係を表す“就”

## 仮説関係の表し方

次は、**「もし～ならば、～」**という仮説関係の表現です。中国語では、“如果（要是）～（的话），就～”で表します。

まず“如果”で「仮説条件」を述べた後に、“就”で受けます。“要是”は、口語の場合によく使います。“就”は副詞なので、次のように、単文の主語の後ろに置きます。

如果没有那栋大楼，我们就能看到富士山了。
Rúguǒ méiyǒu nà dòng dàlóu, wǒmen jiù néng kàndào Fùshìshān le.
（もしあの高い建物がなければ、富士山が見えます。）

要是能看到的话，就太开心了。（見えると嬉しいですね。）
Yàoshì néng kàndào de huà, jiù tài kāixīn le.

“的话”は、単独でも使えます。とても便利な表現です。

我12点还不到的话，你就点菜吧。
Wǒ shí èr diǎn hái búdào de huà, nǐ jiù diǎncài ba.
（私が12時になっても到着しなければ、料理を注文してください。）

我的话，就再等一会儿。（私なら、もう少し待ちます。）
Wǒ de huà, jiù zài děng yíhuìr.

## “一～就～”の意味は？

“就”には、さまざまな使い方があります。

1つは、**「すぐに」**という意味です。

我马上就到。Wǒ mǎshàng jiù dào.（すぐに着きます。）

複文の中で、“就”は「前のことを受けて次のことを話す」という役割を果たします。

また、“一”で「ちょっと～したら」の意味を表すことができます。そのため、“一～就～”で2つの行動が「ぴったり」続いていることを表せるのです。**「～すると、すぐ～」**という訳になります。

我一下车就给你打电话。（電車を降りたら、すぐに電話します。）
Wǒ yí xiàchē jiù gěi nǐ dǎ diànhuà.

この表現で習慣的なことを語る場合は、“了”を付けません。和訳は「～すると、～する」になります。

一方、実際に起きた出来事を語る場合は、“了”を付けます。和訳は「～すると、～した」になります。

她一生气就吃很多东西。（彼女は腹が立つといっぱい食べてしまう。）
Tā yì shēngqì jiù chī hěn duō dōngxi.

我一看你的信息就给你回了呀。你没收到吗？
Wǒ yí kàn nǐ de xìnxī jiù gěi nǐ huí le yā。Nǐ méi shōudào ma?
（メッセージを見たら、すぐに返信しました。届いていないですか？）

# "是/不是"で「判断」をする

## 複文に使う"是～,不是～"

"是"には複数の役割があると前にお話ししました。

ここでは、動詞文と形容詞文などの複文に"不是～，是～"を使う文を紹介します。

不是不好吃，是我早上吃过东西了。
Bú shì bù hǎochī，shì wǒ zǎoshang chīguo dōngxi le.
（美味しくないのではなく、朝食が済んだからです。）

他不是没有时间，一定是不想跟我逛街吧。
Tā bú shì méiyǒu shíjiān，yídìng shì bù xiǎng gēn wǒ guàngjiē ba.
（彼は時間がないのではなく、絶対一緒に出かけたくないからです。）

上の構文は、1つの判断を肯定し、もう1つの判断を否定します。理由を述べる場合によく使われるため、「～わけだ」「～からだ」と訳されます。

上の例文から、単文を1つ省略してもOKです。この場合、形容詞文、動詞文に"是"か"不是"が入ります。

## 質問の態度を和らげる"是不是～?"

"是～"と"不是～"を合わせて、"是不是"という形で婉曲に質問することができます。

你是不是饿了？Nǐ shì bu shì è le？（お腹が空いているのかな？）

“你饿了吗?” は漠然とした聞き方ですが、“你是不是饿了？” のほうは元気がなさそうに見えたなど、なにかしらの理由から、相手に「お腹が空いたの？」と尋ねる表現です。

你是不是喜欢上她了？（彼女のことを好きになったかな？）
Nǐ shì bu shì xǐhuanshang tā le？

你是不是还记得那年我们一起去旅行?
Nǐ shì bu shì hái jìde nà nián wǒmen yìqǐ qù lǚxíng ?
（あの年、一緒に旅行したことをまだ覚えているかな？）

## 決めつける“不是～，就是～”

“不是～，就是～” も、よく使われる表現です。

この “就” は仮説関係の “就” と同じです。意味は「Aでなければ、きっとBだ」、そして「Bでなければ、きっとAだ」です。言いたいことは、「AとBの両者に決まっている。それ以外はない」です。

店里的衣服不是太贵，就是款式不好看。
Diànli de yīfu bú shì tài guì，jiù shì kuǎnshì bù hǎokàn.
（店の洋服は高いものか好きじゃないデザインのものばかりです。）

他最近不是吃这个，就是吃那个。
Tā zuìjìn bú shì chī zhège，jiùshì chī nàge.
（彼は最近いつも何かを食べています。（これを食べていなければ、あれを食べている。））

# 時間の流れや論理を付け足す表現

## 時間の流れと論理上の追加関係

**「～だけでなく、それに（しかも、また）～」**という追加関係の表現を紹介します。

時間の流れに沿って述べる場合、“先～，再～”（～してから、～）という表現を使います。次に、“不仅～，而且～还～”です。“而且”は接続詞なので主語の前に、“还”は副詞なので主語の後ろに置きます。両者を一緒に使ってもOKです。

先办好入住手续，再看美术馆。（チェックインしてから美術館に行こう。）
Xiān bànhǎo rùzhù shǒuxù，zài kàn měishùguǎn.

这个菜不仅好吃，而且还有减肥效果.
Zhège cài bùjǐn hǎochī，érqiě háiyǒu jiǎnféi xiàoguǒ.
（この料理はおいしいうえに、ダイエット効果もあります。）

## 事実を踏まえての“于是”、事実から導いた結論と“既然～，就～”

2つの事実の間に因果関係がある場合、“于是”（そこで）を使います。

我们都喝得差不多了，于是就结了帐，走出饭店。
Wǒmen dōu hēde chàbuduō le，yúshì jiù jiéle zhàng，zǒuchū fàndiàn.
（みんなもう十分に飲んだと思うので、勘定をして店を出た。）

他在北京找到了一份工作，于是打算今年回国。
Tā zài Běijīng zhǎodào le yífèn gōngzuò，yúshì dǎsuàn jīnnián huíguó。
（彼は北京で仕事を見つけたので、今年には帰国するつもりです。）

次に、"既然～，就～"は、ある事実を踏まえて結論を述べる表現です。多くの指南書で「～からには～」「～である以上～」と訳すと紹介されますが、「～から～」と訳すこともよくあります。

既然喜欢，就不要犹豫，把它买下来吧。
Jìrán xǐhuan，jiù bú yào yóuyù，bǎ tā mǎi xiàlai ba.
（好きだから、迷わないで、それを買って。）

既然你都知道了，我就直话直说了。
Jìrán nǐ dōu zhīdao le，wǒ jiù zhí huà zhí shuō le.
（すでに知っているから、ストレートに言いますね。）

"既然～，就～"は、「～なら、～」と訳すこともあります。

既然心里不愿意去，就不要勉强了。
Jìrán xīnli bú yuànyì qù，jiù bú yào miǎnqiǎng le.
（気が進まないなら、無理をしないで。）

既然没有时间，我们就下个月再约吧。
Jìrán méiyǒu shíjiān，wǒmen jiù xiàgeyuè zài yuē ba.
（時間がないなら、来月また会いましょう。）

# 「条件」を提示する文のつくり方

## 「最低条件」の“只要～，就～”

**「Aさえすれば、Bになる」**という条件Aのことを最低条件と言います。中国語では、“只要～，就～”で表します。

### 最低条件を表す文、“只要～，就～”

只要你喜欢，我就买给你。Zhǐyào nǐ xǐhuan，wǒ jiù mǎi gěi nǐ.

（あなたが好きでさえあれば、買ってあげます。）

我觉得只要去中国留学，就能学会中文。
Wǒ juéde zhǐyào qù Zhōngguó liúxué，jiù néng xuéhuì Zhōngwén.

（中国に行きさえすれば、中国語をマスターできると思います。）

## 「必須条件」の“只有～，才～”

**「Aをしてこそ、Bになる」「Aをしないと、Bにならない」**という条件Aのことを必須条件と言います。

中国語では“只有～，才～”で表します。

## 必須条件を表す文“只有～，才～”

只有多说，才能会讲。（たくさん話さないと話せるようになりません。）
Zhǐyǒu duō shuō，cáinéng huì jiǎng.

只有看过以后，我才能说买不买。
Zhǐyǒu kànguo yǐhòu，wǒ cáinéng shuō mǎi bu mǎi.
（見る前に、買うか買わないかは言えない。）

最低条件も必須条件も、諸条件の中の1つの条件を意識した言い方です。

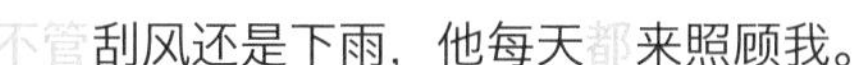

### 「無条件」の“不管～，都～”

どんな条件があろうとも関係なく、かならずBになるという条件のことを無条件と言います。“不管～，都～”で表します。“不管”は「構わない、関係ない」という意味です。最低条件、必須条件と異なり、“不管”の後ろには、かならず複数の選択肢があります。前に、「一」と「多」で疑問文を区別するとお話ししましたが、“不管”の表現は、“呢”型疑問文と一致しています。これは「多」の条件なので、“都”と呼応します。

不管刮风还是下雨，他每天都来照顾我。
Bùguǎn guāfēng háishi xiàyǔ，tā měitiān dōu lái zhàogù wǒ.
（風が吹こうが雨が降ろうが、彼は毎日かならずお世話しに来ます。）

不管贵不贵，我都要买这个包。
Bùguǎn guì bu guì，wǒ dōu yào mǎi zhège bāo.
（高いかどうかに関係なく、このバッグを買います。）

不管花多少时间，我都要把这个工作做完。
Bùguǎn huā duōshao shíjiān，wǒ dōu yào bǎ zhège gōngzuò zuòwán.
（どんなに時間がかかったとしても、この仕事をやり遂げます。）

次の文のように、選択肢が1つの場合は、“尽管〜，还是〜”（〜にもかかわらず〜）を使います。
“尽管”と“不管”の使い分けは、「一」か「多」で判断しましょう。

尽管下起了大雨，他还是来照顾我。
Jǐnguǎn xiàqǐ le dàyǔ，tā háishì lái zhàogù wǒ.
（大雨が降っているにもかかわらず、彼は私を世話しに来ます。）

尽管那个包非常贵，我还是想买。
Jǐnguǎn nàge bāo fēicháng guì，wǒ háishì xiǎng mǎi.
（あのバッグはとても高いにもかかわらず、私はやはり買いたいです。）

## 「極端な条件」の“即使〜，也〜”

諸条件の中から1つの「極端な条件」を提示する場合は、“即使〜，也〜”（たとえ〜しても〜）を使います。
「一」の条件なので、“也”と呼応します。この表現は、暗に「これより普通の状況なら当然〜する」ということを指します。

即使非常贵，我也买。（たとえとても高くても、私は買います。）
Jíshǐ fēicháng guì，wǒ yě mǎi.

即使下大雪，我也去那里观光。
Jíshǐ xià dàxuě，wǒ yě qù nàli guānguāng.
（たとえ大雪が降っても、そこに行って観光します。）

# 第7章

# 単語の覚え方

# 中級レベルの単語に日本語と共通の漢字が多い理由

## 近代の単語はこうやってできた！

最後の第7章では、中国語の単語を取り上げます。

中国語は、日本語と同様、漢字を使います。そのため、日本人の学習者は、学び始めの頃になんとなく中国語の単語をそのまま日本語の感覚でとらえて、つまずいてしまうことが多いようです。

そこで本章では、最初に中国語の単語の特徴についてお話しし、その次に中国語の単語の学び方について解説したいと思います。

まず、中国語と日本語の単語には、面白い違いがあります。
“走” zǒu は「歩く」、“跑” pǎo は「走る」など、日常生活で用いる初級レベルの中国語の単語の多くは、日本語と違う漢字を使います。

ところが、社会や技術、芸術などに関連した中級レベルの単語になると、日本語と同じ漢字を使うものが途端にたくさん登場するのです。

これは単なる偶然ではありません。この理由には、歴史的な背景が関係しています。

日本も中国も、近代に入って西洋から概念や名称を大量に取り入れました。そして、幕末から明治時代の日本において、“哲学 zhéxué、革命 gémìng、封建 fēngjiàn、选举 xuǎnjǔ（選挙）、共和 gònghé” など、西洋の概念を翻訳するために、和製漢語がたくさんつくられたのです。

和製漢語の多くが中国の古典教養をもとにつくられたため、中国人にとっても理解しやすいネーミングでした。もちろん、中国でも大量に訳語がつくられてはいたものの、さまざまな歴史的要因も重なり、結果的に和製漢語が中国に大量に取り入れられたというわけです。

**図 7-1　和製漢語の流入**

**和製漢語**

哲学、革命、封建
选举（選挙）、共和

**近代に入り、西洋の概念を翻訳した日本の言葉が**
**和製漢語として中国で大量に取り入れられた。**

**現在も、社会や技術、芸術などに関連した**
**中級レベルの中国語単語の多くに、**
**日本語と同じ漢字が使われている！**

# 初級レベルの単語に日本語と異なる漢字が多い理由

## じつは、「日本語の漢字」は「古代中国の漢字」だった？

では、初級レベルの単語のほうは、なぜ日本語と違う漢字が多いのでしょうか。

こちらも、中国語の歴史をひも解くことで、理由がわかります。

日本語の「兄」は、現在の中国語で“哥哥”gēgeです。「犬」は“狗”gǒu、「足」は“脚”jiǎoです。ところが、歴史をさかのぼると、大昔の中国では、兄、犬、足、という漢字は日本語と同じ意味で使われていたのです。

その証拠に、現代の中国語の中にも、“兄弟”xiōngdì、“柴犬”（柴犬）cháiquǎn、“足球”（サッカー）zúqiúという単語の中に、“兄”“犬”“脚”がちゃんと残っています。

じつは、現在の日本で使われている漢字の多くは、古代のある時期に中国から大量の書物を通して日本に伝わったものなのです。つまり、中国の視点から見れば、日本の漢字は、大昔の中国語ということです。長い年月の間に、“兄”は“哥哥”に、“犬”は“狗”に、“足”は“脚”に変わったというわけなのです。

例えば、日本語で「等しい」という意味を持つ“等”děngという漢字は、現代中国語では「待つ」という意味です。しかし、『古代漢語字典』のような昔の表現を集めた字典を引いてみると、「待つ」という解釈は入っていません。したがって、「待つ」も、後から生まれた意味ということです。

また、中国語は長い歴史の中で、さまざまな言語の影響を受けています。例えば、“胡同”hútòng（北京の「路地」）という単語は、モンゴル語の「井戸」から、“站”zhàn（駅）もモンゴル語が由来だと言われています。

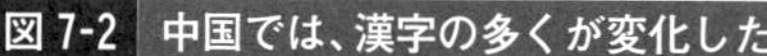

図 7-2 中国では、漢字の多くが変化した


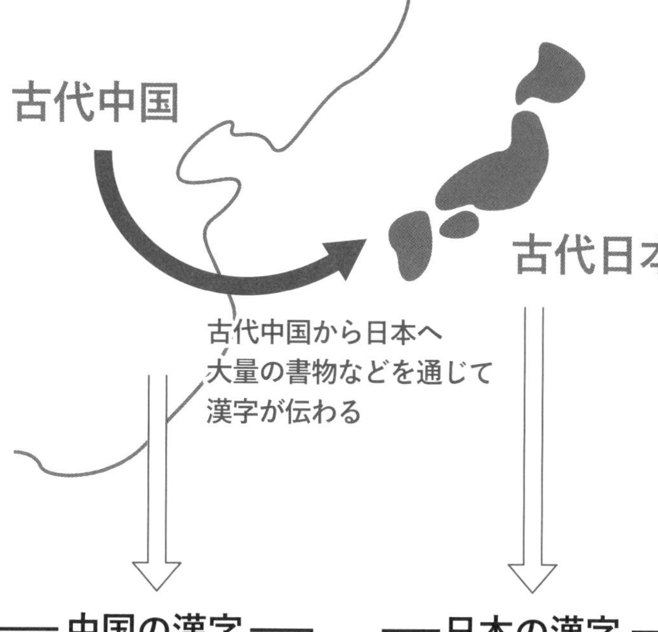


**中国の漢字**

さまざまな言語の
影響を受けたりして、
「古代中国の漢字」の
多くが変化

**日本の漢字**

兄、犬、足など、
「古代中国の漢字」の
多くは、現代でも
そのまま使用

**日常会話レベルの初級単語では、
中国語と日本語で違う漢字が多い
という状況になった**

# 日本人が陥りやすい2つの落とし穴

## 漢字1字の意味にこだわりすぎない

ここでは、日本人の学習者が陥りやすい、単語に関する2つの落とし穴についてお話しします。

まず、日本人の学習者が陥りやすい1つ目の落とし穴は、「すべての漢字に意味がある」と考えてしまうことです。

ある時期に、同じ意味の単語、特に動詞が「1文字」から「2文字」に変わったと言われています。

例えば、“知”から“知道”zhīdao（わかる）、“睡”から“睡觉”shuìjiào（寝る）に変わりました。ここでの“道”と“觉”という漢字には意味がありません。こういう場合は、漢字1字1字の意味にこだわらず、単語の意味を丸ごと覚えたほうがいいでしょう。

そもそも、一部の漢字には意味がないケースもあります。

次の文を見てください。

小朋友，等你长大以后想当什么？（ねえ、大きくなったら何になりたい？）
Xiǎopéngyou，děng nǐ zhǎngdà yǐhòu xiǎng dāng shénme?

“等～以后”は、ひとセットで「～にしてから、～になってから」という意味になる表現です。

この場合の“等”に、「待つ」という意味はありません。

## 類似語の「違い」を追求しすぎない

日本人の学習者が陥りやすい2つ目の落とし穴は、同じような意味を持つ漢字の使い分けにこだわりすぎてしまうことです。

例えば、「待つ、売る、選ぶ、見る、揺れる」に対して、中国語では、次のようにさまざまな漢字が使われています。さらに、これらの漢字が組み合わさって、2文字の単語をつくることもできます。

「待つ」という意味の漢字

等 děng　待 dài　候 hòu

単語例：等待　等候

「売る」という意味の漢字

卖 mài　销 xiāo　售 shòu

単語例：销售　出售

「選ぶ」という意味の漢字

挑 tiāo　选 xuǎn　择 zé

単語例：挑选　选择

「見る」という意味の漢字

看 kàn　望 wàng　眺 tiào

単語例：看望　眺望

「揺れる」という意味の漢字

摇 yáo　摆 bǎi　荡 dàng

単語例：摇摆　摇荡　摆荡

同じような意味の漢字を見ると、多くの学習者が使い分け方をつい知りたくなります。ただ、さきほどもお話しした通り、中国語の場合、漢字1字の意味にこだわりすぎるよりも、単語レベルで理解したほうが上達は早くなります。

# 単語は「単語帳」ではなく「ネットワーク」で理解する

## 単語はネットワークのようにつながっている

単語は、漢字を1字ずつ分解せずに、まとまりで理解したほうがいいとお話ししました。では、単語を中心にして語彙を増やすにはどうすればよいかというと、単語帳をつくって1つずつバラバラに覚えるのではなく、右の図のように、ネットワークで理解するのです。

「写真を撮る」は中国語で“照相”（動詞）と言います。“照”（動詞）は「撮る」です。では“相”はなにか。写真は“相片”です。つまり、“照相”は“照相片”（実際にはこの言い方はありません）から“片”を略した単語です。また、“照相”と“机”（機械）を合わせて“照相机”（カメラ）になります。略して“相机”です。デジカメは“数码相机”と言います。一方、“片”には「フイルム」という意味があり、“打斗片”は「アクション映画」です。また、“照”（撮る）と“片”を合わさった“照片”は「写真」です。これは“照”の“片”、つまり「撮影した薄い紙」です。したがって、“拍照片”も「写真を撮る」です。また、“片”を略して“拍照”も「写真を撮る」です。つまり、“照相”＝“拍照片”＝“拍照”ということです。ちなみに、同じ「撮る」で“照”と“拍”のどちらを覚えたほうがいいかというと、私は“拍”を推します。理由は、「映画を撮る」も“拍”を使うからです。“这个电影是谁拍的?”（この映画は誰がつくったの？）という言い方があります。ただ、ここで話は終わりません。“照”には名詞的な使い方があり、「薄っぺらなもの」のイメージです。“护照”は「パスポート」、“执照”は「免許」です。そして、“开车”の“开”と同じ意味で、“驾驶”とも言います。“驾驶执照”は「運転免許証」で、略して“驾照”と言います。

## 図 7-3 単語のネットワークをつくる

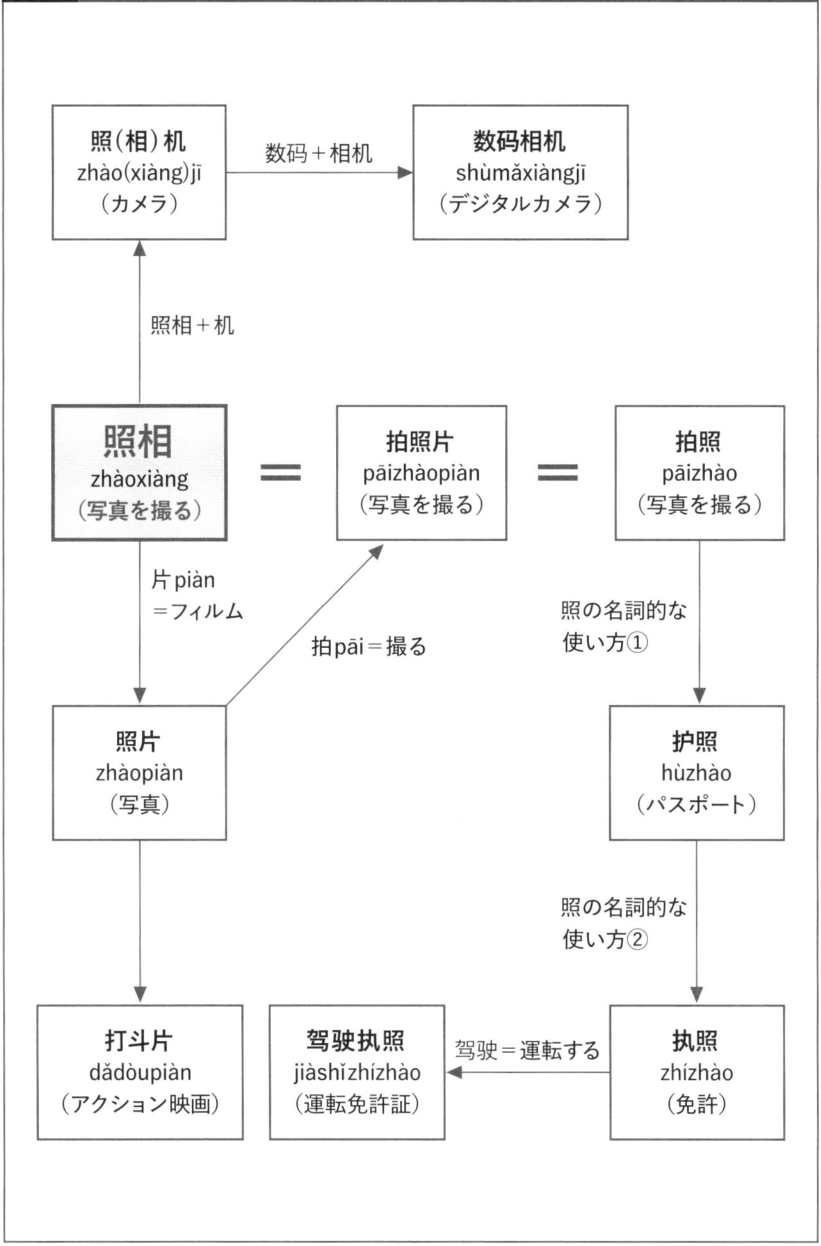

照(相)机
zhào(xiàng)jī
(カメラ)

数码＋相机

数码相机
shùmǎxiàngjī
(デジタルカメラ)

照相＋机

照相
zhàoxiàng
(写真を撮る)

＝

拍照片
pāizhàopiàn
(写真を撮る)

＝

拍照
pāizhào
(写真を撮る)

片 piàn
＝フィルム

拍 pāi＝撮る

照の名詞的な
使い方①

照片
zhàopiàn
(写真)

护照
hùzhào
(パスポート)

照の名詞的な
使い方②

打斗片
dǎdòupiàn
(アクション映画)

驾驶执照
jiàshǐzhízhào
(運転免許証)

驾驶＝運転する

执照
zhízhào
(免許)

# 単語のネットワークの広げ方

## “鼓掌”と“拍手”、「拍手」にあたるのはどっち?

「太鼓を叩く」から単語のネットワークを広げてみましょう。

「太鼓」は“鼓”、「叩く」は“敲”です。したがって、「太鼓を叩く」は、“敲鼓”や“打鼓”などと言います。“拍”は「(手で)叩く」です。そのため、素手で太鼓を叩くなら、“拍鼓”になります。

“拍手”で、「手を叩く」です。“敲门”は「ノックする」、“拍门”は「手のひらでドアを叩く」という意味です。

また、“歌手”や“骑手”のように、“手”で人を指すことができます。バンドのドラムは、“敲鼓手”から略して“鼓手”と言います。

名詞の“鼓”のイメージから形容詞の“鼓”(膨らんでいる)が生まれます。“很鼓”や“太鼓了”、“鼓鼓的”などと言います。

そして、動詞の“鼓”(膨らむ)が生まれ、“最近肚子鼓起来了。” Zuìjìn dùzi gǔqǐlai le.(最近、お腹が膨らんできた。)というように使います。

動詞の“鼓”は、喩えとしても使われます。「風船の中に空気を入れる」ことを“鼓气”と言うことから、挫けてやる気を失うことを“泄气”(空気が漏れた)と言います。この発想は、“加油”(ガソリンを入れる→頑張れ)と似ています。ちなみに、“加油站”は、ガソリンスタンドです。

最後に、“鼓掌”は「拍手する」という意味です。“鼓起掌来”(拍手し始めた)というように、“鼓”を動詞的に使う表現です。

一方、“拍手”は「手で拍子をとって」「手を叩く」という場合に使います。

図 7-4 単語のネットワーク①

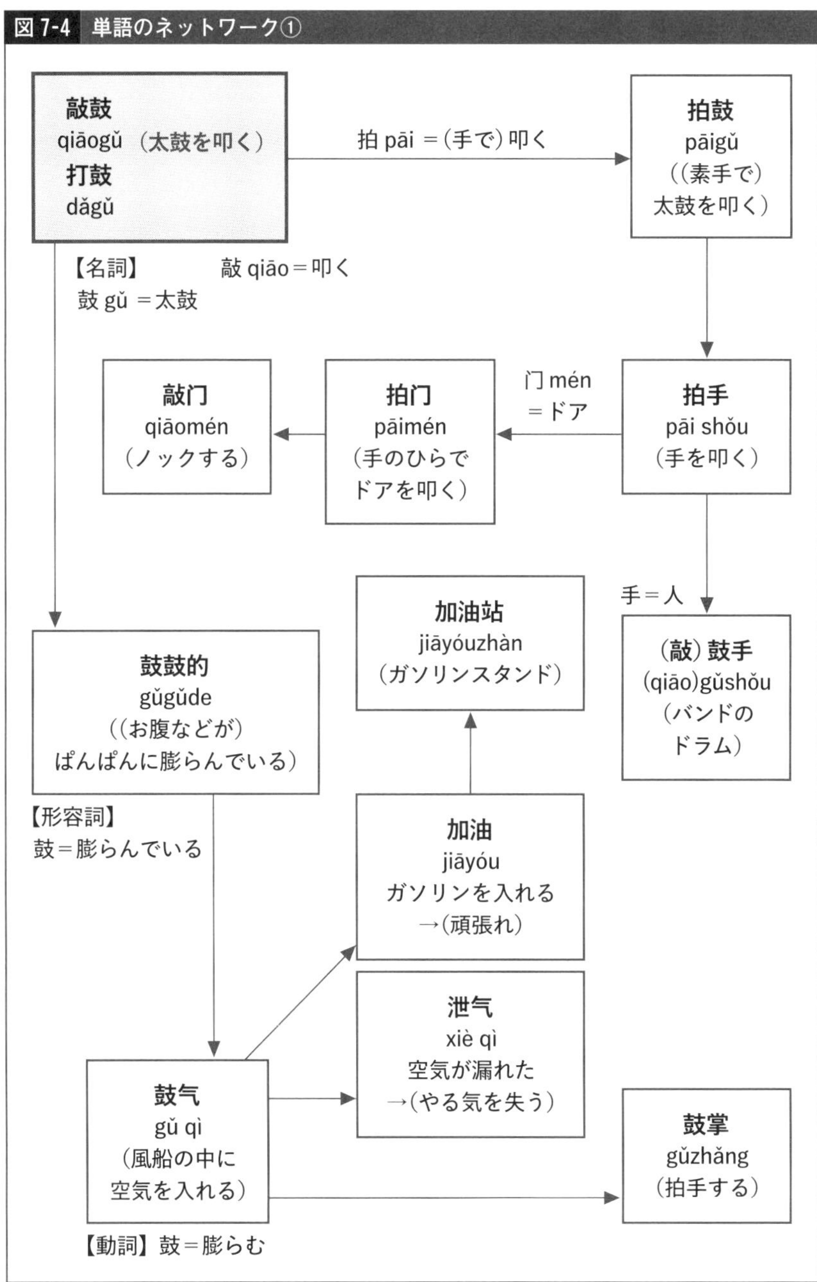

## 株式に“股”が入っている理由

続いては、「会社関連」です。「株式会社」は“股份公司”、「株券」は“股票”です。なぜ、この2つの単語に“股”が入っているのでしょうか。

まず、量詞から入ります。細長いものを数えるには、“条”“根”の他に“股”も使います。

“条”は、よく“一条河”“一条路”“一条蛇”のように「川、道、蛇」などの曲がるものを数えます。不思議なのは、命も“条”で数えることです。例えば、“我这次捡回了一条命。”Wǒ zhècì jiǎnhuí le yì tiáo mìng.（今回は命を拾った。）と言います。

“根”は、硬い棒状のものに使います。“一根棒子”“一根香烟”のように、棒やタバコなどを数えます。三つ編みの1本も“一根辫子”で数えます。

“股”も、細長いものを数えます。例えば、“一股烟”で煙を、“一股味道”で匂いを数えます。“走进房间，我闻到一股香水的味道。”Zǒujìn fángjiān, wǒ wéndào yì gǔ xiāngshuǐ de wèidào.（部屋に入って、香水の匂いがした。）と言います。

ちなみに“味道”は「匂い」という意味ですが、“香味道”は「香り」で、よく“道”を略して“香味儿”と言います。“臭味道、臭味儿”は「臭い」です。

株式の話に戻りましょう。じつは、三つ編みの中の1本は“一股”と言います。つまり、“一根辫子”に“三股”が入っているのです。これは資金を集めて事業に投資する株式のイメージと一致しているのでしょう。株式の「一口」は、“一股”と言います。

最後に、“股份”の“份”も、量詞になります。“三份资料”は「3部の資料」、“一份午餐”は「1人分のランチ」です。面白いのは、“礼物”（プレゼント）も、“爱情”（愛）、“感情”（感情）も“份”で数えます。

図 7-5　単語のネットワーク②

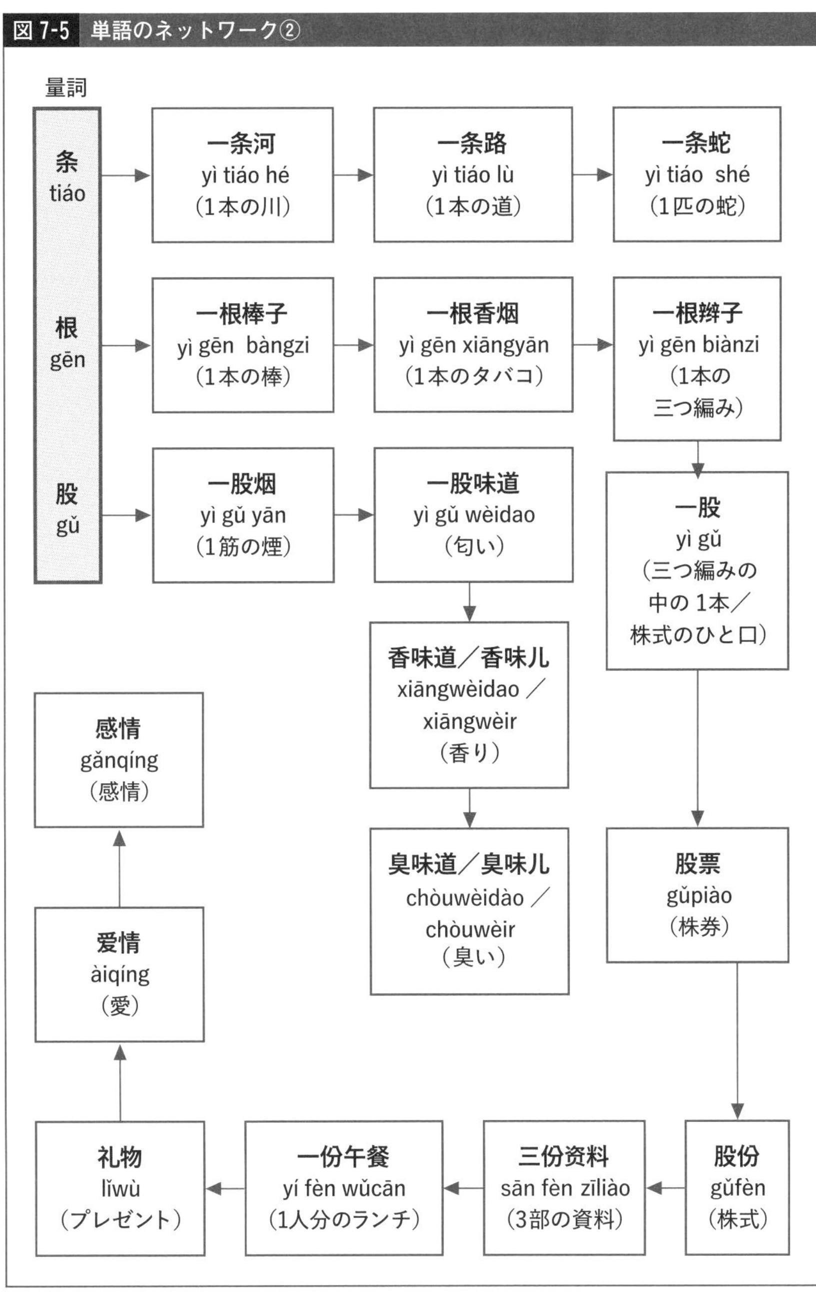

## 「薬を出す」の“开药”の“开”は?

次は、「病気関係」の単語から見てみましょう。

“看病”は、「看病する」ではなく、「診察を受ける」という意味です。医者が「診察する」ときは、“给病人看病”と言います。ちなみに、“上课”も、同じく2つの意味があります。学生が「授業に出る」と、先生が「講義をする」は、両方とも“上课”です。

“打针”は、「注射する」という意味です。「予防注射」は“预防针”、「予防注射をする」は、“打预防针”です。

「薬を服用する」は、「薬を飲む」ではなく、“吃药”と言います。「飲み薬」、例えば漢方薬を服用する場合は“喝（中）药”と言います。「目薬をさす」は、“点眼药水”と言います。

“点”は、点、ポイントからきた表現です。“点头”は「うなずく」です。“点菜”は「料理を注文する」という意味で、「指でメニューを指す」ことが由来でしょう。「メニュー」は、“菜单”です。

“单”は、「薄い状態のもの」を指します。“订单”は“订货单”（注文票）からきた単語です。“传单”は「チラシ」、“床单”は「シーツ」です。

“开药”（薬を出す）という表現に注目してみましょう。これは、“开药方”からきた言葉で、“药方”は「処方箋」です。日本語に「処方箋を切る」という言い方があります。“开”は、まさに「切る」という意味です。

例えば、“切开”は、「切り離す」「切って割る」という意味です。これは「動作＋結果」の単語です。

他に、「切り離す」というイメージからきた単語には、“开发票”（領収書を切る、領収書を発行する）、“开证明”（証明書を発行する）などがあります。処方箋、領収書、証明書は、いずれもかつて束になっていたことと関係しているのでしょう。束から切り離すことを“开”と言います。

同じ「注文する」でも、“点（菜）”と“订（货）”の違いがあります。前者は「料理、飲み物」に、後者は一般の商品に使います。

図 7-6 単語のネットワーク③

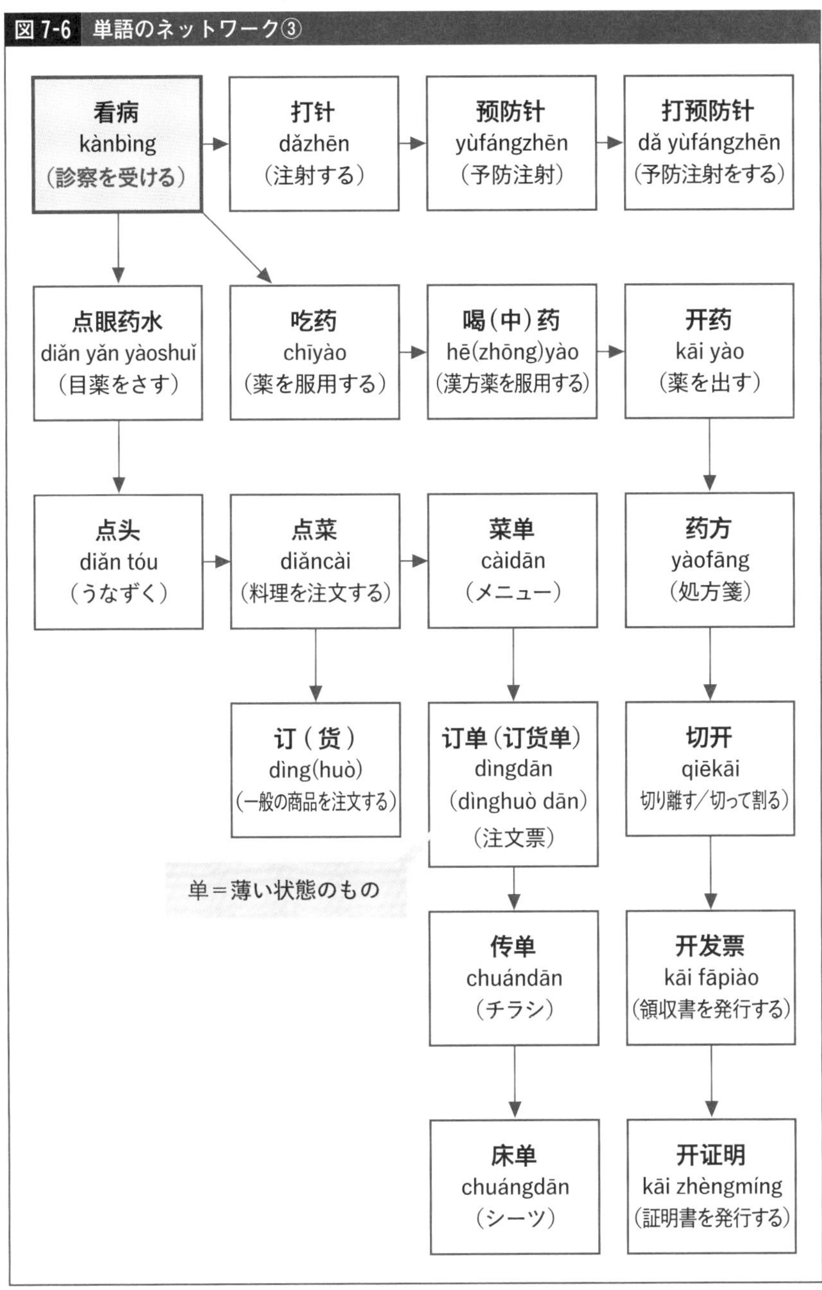
看病
kànbìng
（診察を受ける）
打针
dǎzhēn
（注射する）
预防针
yùfángzhēn
（予防注射）
打预防针
dǎ yùfángzhēn
（予防注射をする）
点眼药水
diǎn yǎn yàoshuǐ
（目薬をさす）
吃药
chīyào
（薬を服用する）
喝(中)药
hē(zhōng)yào
（漢方薬を服用する）
开药
kāi yào
（薬を出す）
点头
diǎn tóu
（うなずく）
点菜
diǎncài
（料理を注文する）
菜单
càidān
（メニュー）
药方
yàofāng
（処方箋）
订（货）
dìng(huò)
（一般の商品を注文する）
订单（订货单）
dìngdān
（dìnghuò dān）
（注文票）
切开
qiēkāi
切り離す／切って割る）
单＝薄い状態のもの
传单
chuándān
（チラシ）
开发票
kāi fāpiào
（領収書を発行する）
床单
chuángdān
（シーツ）
开证明
kāi zhèngmíng
（証明書を発行する）

## 「あずける」と“存”“寄”“放”

「あずける」から単語のネットワークを広げてみます。

まず、中国語の“车”は、日本語の「車」だけでなく、「電車、自転車、バイク、馬車」にも“车”と言えます。

したがって、“开车”は「車を運転する」、“坐车”は「電車、バスに乗る」、“骑车”は「自転車をこぐ」という意味になります。

同様に、「駐車する」は“停车”、「駐輪する」は“存车”と言います。この“存”は「あずける」です。

“存包”は「荷物をあずける」という意味です。“存款”は「お金をあずける」から「貯金する」という意味になります。この“款”は、“钱”と同じ「お金」の意味です。“存款”は動詞としての「貯金する」の他に、名詞で「貯金」という意味もあります。では、“存单”はどういう意味かというと、“存款单”からきた「預金証書」という意味です。

“寄”にも、「あずける」という意味があります。“寄包”も「荷物をあずける」という意味です。“寄宿”（泊まる、下宿する）は、「身を寄せる」という漢字の意味から推測できるでしょう。

ちなみに、“寄”には「（郵便で）送る」という意味もあります。“邮寄”とも言います。“寄信”は「手紙を送る」、“寄包裹”は「荷物を送る」です。

さて、話を「あずける」に戻すと、“放”（置く）にも同じく「あずける」という意味があります。そのため、同じ意味の動詞を合わせて、“存放”や“寄放”と言うことができます。

ちなみに、“放”は「置く」です。“担心”は「心を担ぐ」ことから「心配する」という意味になりますが、その反対に、“放心”は「心を下ろす」から「安心する」の意味になります。“七上八下”は、「心が上がったり、下がったりする」イメージから「心を決めかねて、心が乱れたさま」を表しています。

**図 7-7　単語のネットワーク④**

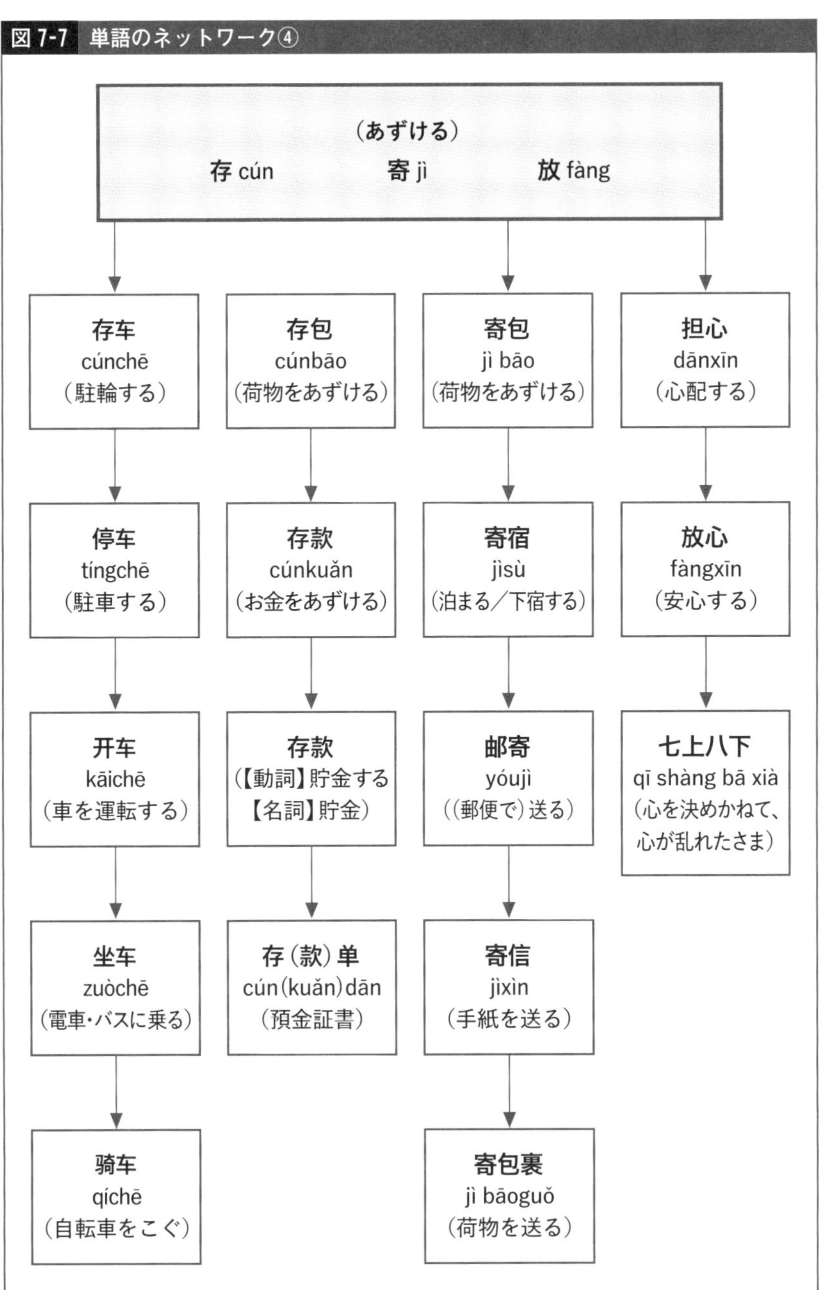
（あずける）
存 cún　寄 jì　放 fàng
存车
cúnchē
（駐輪する）
停车
tíngchē
（駐車する）
开车
kāichē
（車を運転する）
坐车
zuòchē
（電車・バスに乗る）
骑车
qíchē
（自転車をこぐ）
存包
cúnbāo
（荷物をあずける）
存款
cúnkuǎn
（お金をあずける）
存款
（【動詞】貯金する
【名詞】貯金）
存（款）单
cún(kuǎn)dān
（預金証書）
寄包
jì bāo
（荷物をあずける）
寄宿
jìsù
（泊まる／下宿する）
邮寄
yóujì
（（郵便で）送る）
寄信
jìxìn
（手紙を送る）
寄包裏
jì bāoguǒ
（荷物を送る）
担心
dānxīn
（心配する）
放心
fàngxīn
（安心する）
七上八下
qī shàng bā xià
（心を決めかねて、
心が乱れたさま）

## 「引き継ぎ」は“交接班”？

“班”は、学校関連の言葉に使われます。“班级”は「クラス」、“班主任”は「担任の先生」という意味です。“5年3班”は「5年3組」です。そして、“小组”が、日本語の「班」にあたります。つまり、“班”と“组”という字の意味は、中国語と日本語で逆ということになります。

また、“班”には「仕事」の意味があり、“上班”は「出勤する」「勤務する」、“下班”は「退勤する」という意味です。ただし、“班”単独で、「仕事」を指すことはできません。

仕事つながりで言うと、「引き継ぎをする」は、“交接班”や“交接工作”と表現します。“接班人”は、「後継者」という意味です。

“班”には、交通手段の本数を数えるという使い方もあります。この場合の“班”は、量詞です。“一个小时1班巴士”で、「1時間でバス1本が通過する」という意味です。1日の最後のバスや電車は、“最后一班车”“末班车”と言います。“班车”は、「シャトルバス」「送り迎えバス」などを指します。“航班”は、「フライト」です。

“交接班”（引き継ぎをする）の“交”は、「手渡す」という意味です。“转交”も「手渡す」ですが、“转”（転じる）という字があるため、「あなたを通して」から「取り次いで渡す」という意味になります。

「（レポート、論文を）提出する」は、“提交”と言います。この“交”には、「手渡す」という意味があります。中国語の“提出”という字は、多くの場合、「自分の脳から外へ言い出す」というイメージをともないます。例えば“提出意见”（クレームをつける）、“提出想法”（アイデアを出す）などがあります。

“交接班”の“接”は、「受け取る」という意味です。“接球”はバレーボールをするときの「ボールを受け止める」です。その喩えとして、“接孩子”は「子供を迎える」、“接客人”は「お客を迎える」です。“接客”だけでは、風俗の「客を取る」という意味になります。

**図 7-8　単語のネットワーク⑤**

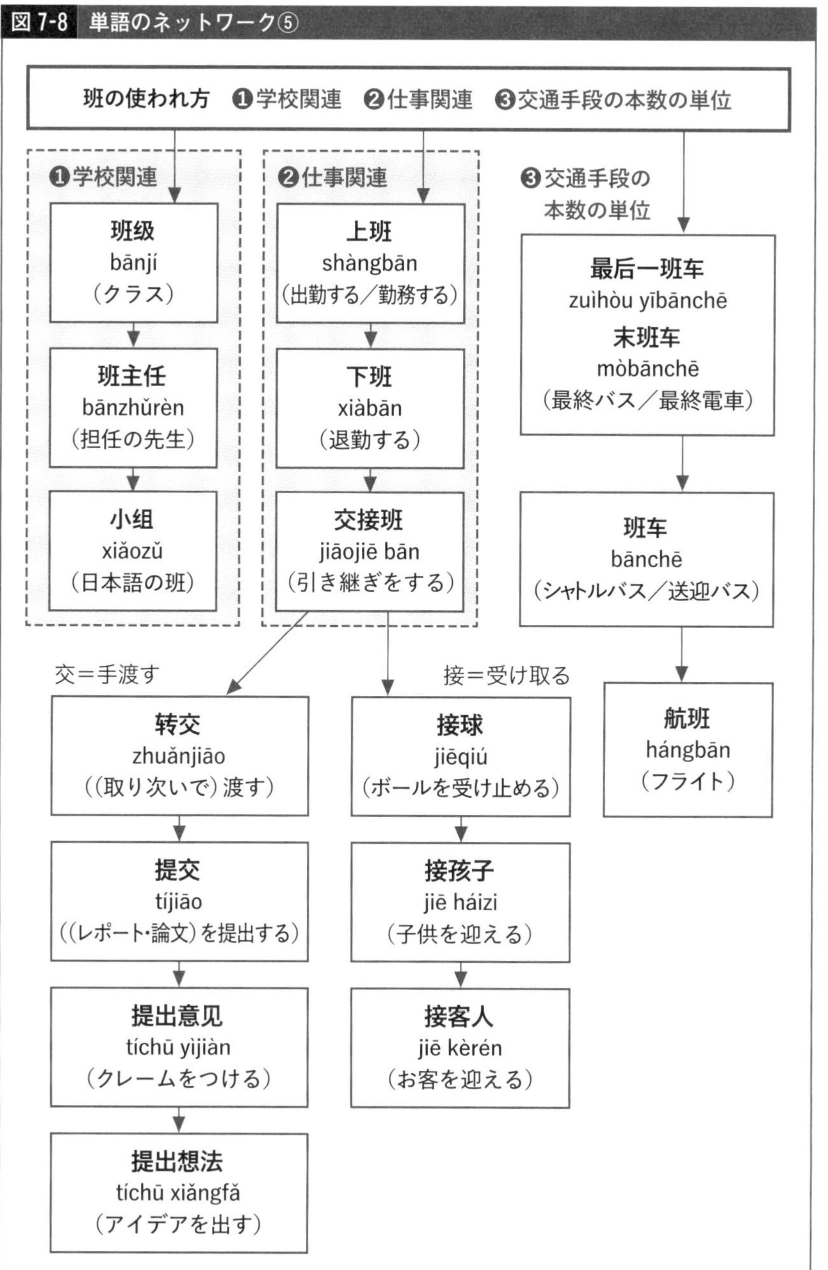

班の使われ方　❶学校関連　❷仕事関連　❸交通手段の本数の単位
❶学校関連
班级
bānjí
（クラス）
班主任
bānzhǔrèn
（担任の先生）
小组
xiǎozǔ
（日本語の班）
❷仕事関連
上班
shàngbān
（出勤する／勤務する）
下班
xiàbān
（退勤する）
交接班
jiāojiē bān
（引き継ぎをする）
❸交通手段の本数の単位
最后一班车
zuìhòu yībānchē
末班车
mòbānchē
（最終バス／最終電車）
班车
bānchē
（シャトルバス／送迎バス）
航班
hángbān
（フライト）
交＝手渡す
转交
zhuǎnjiāo
（（取り次いで）渡す）
提交
tíjiāo
（（レポート・論文）を提出する）
提出意见
tíchū yìjiàn
（クレームをつける）
提出想法
tíchū xiǎngfǎ
（アイデアを出す）
接＝受け取る
接球
jiēqiú
（ボールを受け止める）
接孩子
jiē háizi
（子供を迎える）
接客人
jiē kèrén
（お客を迎える）

## 「ゆるい」と「きつい」、“松”と“紧”をペアで覚えよう

単語を勉強するときは、相反する意味の漢字をセットにすると覚えやすくなります。“紧”と“松”を例にして説明しましょう。

“紧”は「きつい」という意味です。“抓”は「掴む」、“抓住”も“抓紧”も「しっかりつかむ」という意味です。よく喩えとして使われます。“抓住机会”は「チャンスをつかむ」です。“抓紧”は「無駄にしない」という意味があり、“你要抓紧时间。”は「時間を無駄にしないで。」です。

一方、この“松”は「ゆるい」という意味で、繁体字で“鬆”と書きます。日本語の植物の松（まつ）とは別の字です。この漢字は髪の毛と関係があります。“蓬松”の“松”は、形容詞で「ゆるい」という意味で、（髪の毛、綿などが）ふわふわしている様子を指します。“宽松”は「ゆとりがある」という意味で「規制」「教育形態」などの抽象的なことに使います。

名詞として“松”を使う場合としては、“肉松”（名詞）です。デンブみたいな食品です。“松紧带”は、ゆるんだり、きつくなったりする「ゴムひも」です。

“松”と“紧”は、弓のイメージとつながっています。“轻松”は「リラックスしている」で、“紧张”は「緊張している」です。“松弛”（ゆるんでいる）という書き言葉によく使われる単語もありますが、“张”も“弛”も弓と関係があります。これらは形容詞です。

また、“工作很轻松。”は「仕事が楽だ。」、“工作很紧张。”は「仕事が忙しい。」「仕事はハードだ。」という意味です。“放松”は「リラックスする」という意味の動詞です。“你该放松一下。”は「リラックスしたほうがいいよ。」です。この“放”も弓と関係があります。“松手”と“放手”は意味が近いです。前者は「手をゆるめた」、後者は「手を放す」です。後者は喩えとして使うことが多いです。「人に任せる」「思い切りやる」とかの意味があります。ちなみに、“放空自己”は「自分を空っぽにして」「徹底的にリラックスする」という意味です。

## 図 7-9 単語のネットワーク⑥

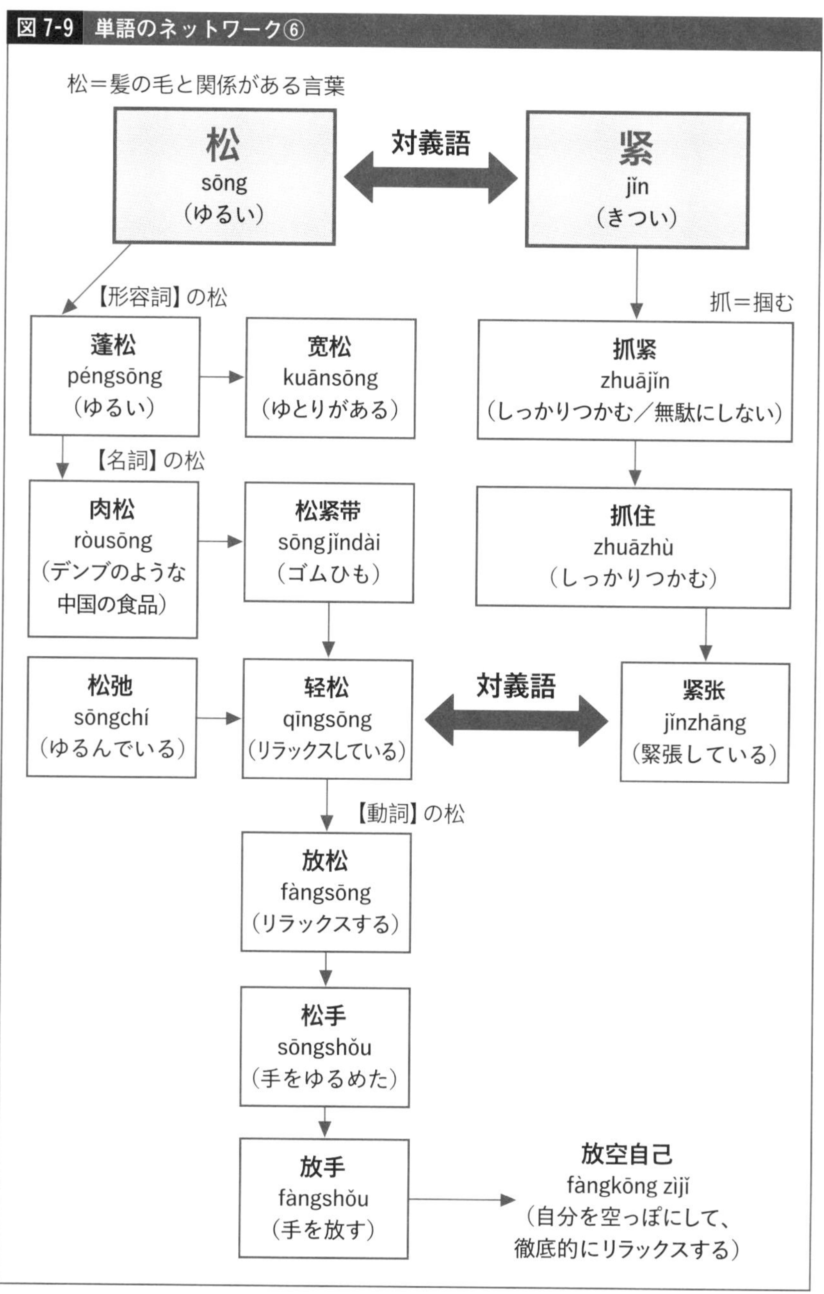
松＝髪の毛と関係がある言葉
松
sōng
（ゆるい）
対義語
紧
jǐn
（きつい）
【形容詞】の松
蓬松
péngsōng
（ゆるい）
宽松
kuānsōng
（ゆとりがある）
抓＝掴む
抓紧
zhuājǐn
（しっかりつかむ／無駄にしない）
【名詞】の松
肉松
ròusōng
（デンブのような中国の食品）
松紧带
sōngjǐndài
（ゴムひも）
抓住
zhuāzhù
（しっかりつかむ）
松弛
sōngchí
（ゆるんでいる）
轻松
qīngsōng
（リラックスしている）
対義語
紧张
jǐnzhāng
（緊張している）
【動詞】の松
放松
fàngsōng
（リラックスする）
松手
sōngshǒu
（手をゆるめた）
放手
fàngshǒu
（手を放す）
放空自己
fàngkōng zìjǐ
（自分を空っぽにして、徹底的にリラックスする）

## 「乗り越える」と「追いかける」のつながり

最後は、"翻、越、追、赶" とイメージが近い単語を一気に覚えましょう。

"翻" は、「ひっくり返す」というイメージがあります。"翻鱼" は「魚を裏返しにする」、"翻身" は「寝返りを打つ」、"翻书" は「本をめくる」です。

"翻" は、「乗り越える」という意味もあります。"翻墙" は「壁を越える」、"翻山" は「山を越える」です。一定の高さがある障害物の上方から越えるのが "翻" のイメージです。

"越" も「越える」という意味ですが、"越过高山，越过平原"（高い山と平原を跨いで）のように、高さと関係がない「越える」の意味です。"翻越" を使うときは、高い障害物を越えるという状況に限っています。

"追" や "赶" も、「追いかける」という意味です。"追" は、"警察追小偷。"（警察が泥棒を追いかける。）など、人間に対してよく使われます。"赶" のほうには、この使い方がありません。ここから転じて、「恋愛対象を求める」、「芸能人を追いかける」という意味が生まれました。例えば、"追求"（恋愛対象を追い求める）、"追星" "追偶像"（追っかけをする）などです。

"赶" は、乗り物によく使われます。乗れるように急いでいるイメージがあります。"赶飞机" は、「（飛行機に乗るために）急いでいる」です。"赶上了" は、「間に合った」という意味です。この "上" は、「目的を達成した」という意味の動詞です。ここでは結果補語になります。"赶不上" は、「間に合わない」です。

用事のために急いで家に帰るのは "赶回家" です。この場合の "赶" には、形容詞の「急いでいる」という意味もあります。"这个工作很赶。"（この仕事は急いでいます。）というように使います。"追赶" を使うときは、"追赶小偷"（泥棒を追いかける）など、実際に本人が走っていることになります。"追赶偶像" は「追っかけ」ではなく、「アイドルの後ろで走って追いかける」という意味です。"追赶飞机" は、人間なら不可能です。

**図 7-10 単語のネットワーク⑦**

翻越
fānyuè
（乗り越える）
類義語
追赶
zhuīgǎn
（追いかける）
翻鱼
fān yú
（魚を裏返しにする）
翻越
fānyuè
（（高い障害物）を越える）
追求
zhuīqiú
（（恋愛対象を）追い求める）
赶飞机
gǎnfēijī
（（飛行機に乗るために）急いでいる）
翻＝ひっくり返す
翻身
fānshēn
（寝返りを打つ）
追星／追偶像
zhuīxīng/
zhuīǒuxiàng
（追っかけをする）
翻书
fān shū
（本をめくる）
赶上了
gǎnshàngle
（間に合った）
翻墙
fān qiáng
（壁を越える）
赶不上
gǎnbushàng
（間に合わない）
翻＝乗り越える
翻山
fān shān
（山を越える）
赶回家
gǎn huíjiā
（急いで家に帰る）

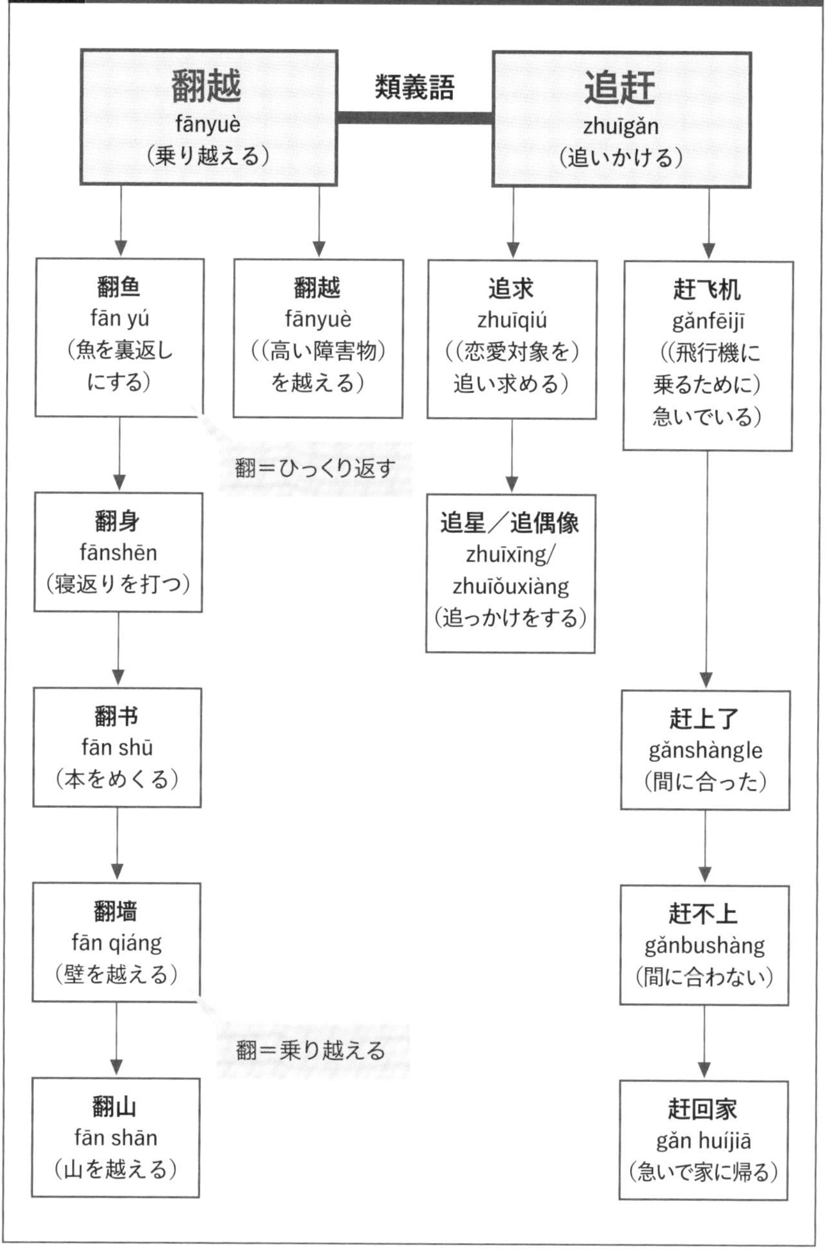

**作者紹介**

## 林 松涛（りん・しょうとう）

中国語教室・翻訳工房「語林」代表。また立教大学、拓殖大学でも教鞭をとる。復旦大学で物理、同大学院で哲学を学び、1995年に来日。東京大学大学院で思想史を研究、博士課程単位取得満期退学。著書に『つながる中国語文法』（ディスカヴァー・トゥエンティワン）、『マップ式 中国語単語記憶術』（講談社）、『つたわる中国語文法』（東方書店）、『大人なら使いたい中国語表現』（三修社）、『話すための思考が身につく！中国語文法講義』（アスク）などがある。


**一度読んだら絶対に忘れない**
**中国語の教科書**

2024年3月31日　初版第１刷発行
2024年9月30日　初版第３刷発行

著　者　　林 松涛
発行者　　小川 淳
発行所　　SBクリエイティブ株式会社
〒105-0001
東京都港区虎ノ門2-2-1
装　丁　　西垂水敦（krran）
本文デザイン　　斎藤充（クロロス）
本文DTP　　クニメディア株式会社
本文図版　　原 真一朗（Isshiki）
音声ナレーション　　段 文凝
編集担当　　鯨岡純一
印刷・製本　　中央精版印刷株式会社

本書をお読みになったご意見・ご感想を
下記URL、またはQRコードよりお寄せください。
https://isbn2.sbcr.jp/22855/

落丁本、乱丁本は小社営業部にてお取り替えいたします。
定価はカバーに記載されております。
本書の内容に関するご質問等は、小社学芸書籍編集部まで
必ず書面にてご連絡いただきますようお願いいたします。





ISBN　978-4-8156-2285-5

## 大好評！ 一度読んだら絶対に忘れないシリーズ

# 一度読んだら絶対に忘れない日本史の教科書

ムンディ先生こと
山﨑圭一
公立高校教師 YouTuber が書いた
一度読んだら絶対に忘れない
JAPAN HISTORY TEXTBOOK
日本史の教科書
年号がまったく登場しない
古代から現代まで1つの物語でつながる
政権担当者を「主役」に展開
「日本史がこんなに面白い物語だったとは!」「歴史が苦手な私でも一気に読めた!」と話題沸騰の"画期的"な歴史入門書
YouTube 授業動画 累計 1000万回 再生突破!

山﨑圭一（著）
本体 1500円＋税
ISBN
978-4-8156-0145-4

37万部突破のベストセラー！ 年号を一切使わずに、
歴代の天皇、将軍、総理大臣などの**政権担当者を主役に**、
日本の歴史を１つの物語で読み解いた“新感覚”の日本史の教科書！